突破修道上的唯物

Cutting Through Spiritual Materialism

邱陽·創巴仁波切——著
Chögyam Trungpa
繆樹廉——譯　蔡雅琴——審校

目錄

本書於十幾年前第一次在台灣出版，對於當時許多藏傳佛法的學子，無疑是一本風格獨特的佛法經典。創巴仁波切講法直接、銳利、明快、創新、幽默，十幾年後再看，栩栩如生，更切當下學道風氣。如果你對修道懷有眞心，會有心心相印之感，但大部分人可能在閱讀的當下，少不了面對仁波切將虛僞、自欺面目扯下的尷尬感。學道眞正要去除自我，但我用了多少「我」在鋪道築橋？

我們特別感謝眾生出版社讓渡繆樹廉先生的翻譯，原譯已經傳達出仁波切的要義，但爲了愼重，我們特別請蔡雅琴小姐做一次審校。期待所有學子，以仁波切的指引爲燈，在修道中絕對會遇見的已知與未知的陷阱，都能安然度過。

橡樹林編輯室

關於作者

邱陽．創巴（Chögyam Trungpa, 1939～1987）是一個備受崇敬的禪修大師、老師和藝術家。他是許多佛教和禪修之道等書籍的作者，包括《自由的迷思》《動中修行》《覺悟勇士》和《東方大日》等。

創巴仁波切出生於西藏東部，是西藏佛教噶舉派和寧瑪派轉世傳承的持有者。他是蘇芒寺系的總住持；十八歲時，於該寺取得堪布學位（相當於神學、哲學和心理學博士）。在西藏期間，他也廣修傳統藝術，如書法、詩歌、舞蹈和唐卡繪畫。

一九五九年後，邱陽．創巴率眾遷徙至印度。在那裡，他被達賴喇嘛尊者指派為「青年喇嘛學校」（Young Lamas' Home School）的精神導師。一九六三年，他前往英國牛津大學擔任特別研究員，研究比較宗教、哲學和藝術。一九六七年，他在蘇格蘭成立西方第一個藏傳佛教中心三昧耶林。

一九七〇年，創巴仁波切應邀到美國駐地弘法講學。他以科羅拉多州博德市為基地，走訪各地進行教學，並在美國、加拿大和歐洲成立一百多個禪修中心。一九七三年，他創立了「金剛界」組織（現改稱香巴拉國際），配合協調這些中心的活動。創巴仁波切也建立了那洛巴學院（現名那洛巴大學），這是一所強調哲思研習和人文藝術教育的創新學院。一九七六年，創巴仁波切開創發展了結合世間與出世間靈修之道的「香巴拉訓練」課程。

一九八六年，邱陽·創巴仁波切移居加拿大新斯科細亞省哈利伐克斯市。隔年四月四日，在該地圓寂。

香巴拉國際：

Shambhala International

1084 Tower Road Halifax, Nova Scotia, Canada, B3H 2Y5

Phone: (902) 425-4275, ext. 10

Website: www.shambhala.org

中文香巴拉人網上雜誌：

Website: shambhalachinese.blogspot.com

前言

每一條精神之旅的重點，就在於尋求眞理、想見何者爲實、並且過一種眞誠生活的靈感，其最高點即是覺悟。然而，踏上這個旅程鮮少如我們所願般直接。成覺之道最終或許是深刻又簡單，但理解那簡單性的過程若不是完全複雜的話，亦是趨向於多方面的。爲了解精神修行的道路，我們必須在此刻認知和理解自己的心，因爲這與修道之旅有關。任何我們對修道的誤解和概念，都必須予以克服，讓我們不至於僅根據一己的觀點而兀自修行。自我和其無數能夠瓦解我們開啓覺悟之心的花招，必須一直加以監測。

爲理解修道之旅的本質，特別是可能面對的障礙或難題，我們需要有一個明確的方向感。我們需要先輩的教義、指示和引導，他們可以提供眾人修行此道有效和確信的忠告。這就是我的父親邱陽·創巴在《突破修道上的唯物》一書所提供的。

創巴仁波切在七〇年代初親授了這些講座和教法。那時美國正處在意識提升與精神性覺醒的轉捩點，東方開始遇見西方。整個拒絕父母價值觀的一代正在探索新興的靈修之道，其

薩姜·米龐仁波切，二〇〇一年十月

中許多是相當傳統的。人們希望有一條途徑能幫助他們超越生活的塵俗羅網，以看到更寬闊的展望，一種可以消解疏離感和穿透生命意義的視野。同時，其中許多尋求者仍試圖了解什麼是眞正的解脫道，那氛圍充斥著一種新鮮的質地、蓬勃興奮之感，以及青春的朝氣與天眞。

人們對任何道徑上的可能陷阱都頗爲天眞。精神性覺醒並非是無憂無慮的嘗試；眞理之道是深奧的，因此自欺的障蔽和可能性俱在。無論是什麼法門或教示，自我喜歡爲自身的生存和利益而伺機把精神性據爲己有。當年剛從蘇格蘭抵達美國的邱陽·創巴，便試圖澄清這類問題。他想提高人們的覺知程度，使人們能區分什麼是眞正的修道進展、什麼是自我爲一己的目的而劫持了精神性。他想幫助人們學習認知唯物主義「三王」的掌握——那些「自我」可以在任何時間、地點運用的策略，以引誘我們從更廣大的視野回到自我設限的觀點。

邱陽·創巴年幼起即在藏東高原康地的寺院接受艱苦的養成教育，但即使是如中世紀文化般的西藏，也不能倖免於修道上唯物主義的危險。他的上師訓練他去認識自我的狡詐，避免表面上看來有益、但其實只是世俗物質追求被包裹在神聖服裝裡的活動誘惑。創巴仁波切清楚地了解修道上唯物的窘境，而他也是一位曾在古老智慧中浸潤陶養、亦能理解現代西方靈修障礙細微差別的老師。這本書的教誨，正代表了引介佛法進入美國文化的一個里程碑。

一部分是因爲我父親教導那群年輕美國學生的遊戲性質，使《突破修道上的唯物》成爲一部經典之作。對於聽眾中正試著去拒絕社會以追求理想、超越之路的人，創巴的教學，明示他們可以在自己的國度、家庭和文化範圍內自我努力的新情況。作爲一個西方世界的熱誠新來者，以及一位靈修導師，他能夠跟他們介紹其處境基本的可運作性，那是修道之旅的一部分。「拒絕一切」不是解決問題的方式。依照眞理去訓練一個人的身、語、意，將會帶來可致生和平的了悟和智慧。許多學生皆遵循了他的忠告，繼續他們的精神旅程，並同時當上了父母、教師、商人，甚至授法的老師。這些人現已成爲具好奇心的新一代資深前輩。

雖然此書主要針對歷史上某一特定時間的特定群體，但這不僅僅是爲那一代的人而設的；這些教導將永遠不會過時或被束諸高閣。過去三十年來，人們繼續追求任何可以讓自己不去注意痛苦眞相的事物，我們已經變得更加唯物。而在精神領域方面，比起這本書首次出版時，現在還有更多樣的途徑和可能——不只是傳統的修道方式，也有許多混合的方式。此書仍持續有銳化我們覺知到修道唯物的力量，這值得我們關注，因爲其訊息在現在比以往任何時候都更爲適用。

（本文翻譯：蔡雅琴）

引言

下面一系列的演講，是一九七〇年秋及一九七一年春在美國科羅拉多州博德市發表的。當時我們正在籌組博德市的禪修中心噶瑪藏（Karma Dzong）。我的學生雖然大多熱衷修道，但對修道一事仍滿懷疑惑、誤解和期盼。因此，我覺得有必要向學生概括說明「道」是什麼，並且提出一些警告，教他們預防修道途中可能發生的危險。

如今看來，出版這一系列的演講，似乎有助於那些對修道已感興趣的人。正確修道是一個非常細密的過程，並非天眞地投入即可有成。歧途甚多，曲解和以自我為中心來詮釋靈修的情形，都可能因誤入歧途而發生；我們會欺騙自己，自以為是在發展道心，其實是在用修道法門加強我慢。這種根本的曲解，可稱之為修道上的唯物主義。

這一系列的演講，先談修道者涉入唯物的各種方式，以及有志於道者可能陷入的多種自欺。走過這些歧途之後，我們再討論靈修正道的輪廓。

邱陽・創巴仁波切

對治修道上的我慢

我們在此所提出的修法，是正統的佛教修法，不是就形式而言，而是就佛法入道的心要而言。佛法雖是無神論，但不與有神論的修行相違，兩者的分別毋寧是在於重點與方法。修道上的唯物是所有宗教在修行上共同遭遇的難題。佛教的修法是從我們的迷惑與痛苦著手，力求弄清迷惑與痛苦的來源；有神論的修法則是從神的豐足著手，力求提升意識，以體驗神的存在。但阻礙我們與神相通的，即是我們的迷惑與負面性，所以有神論也必須對付迷惑與負面性。例如，修道上的我慢對有神論和佛教，同樣都是個難題。

依佛教的傳統，修道是截斷我們的迷惑及揭露心之覺醒狀態的過程。當心之覺醒狀態被「我」以及隨「我」而來的偏執所阻塞時，就呈現爲一種潛在的本性。所以我們並不是要建立心之覺醒狀態，而是要把障礙心之覺醒狀態的迷惑給燒光。在燒盡迷惑的過程中，我們便會發現覺悟。過程若非如此，心之覺境便是因果所生，也就難免異滅——有生者早晚會死。如果覺悟是以此方式生起，「我」將隨時有再度肯定自己的可能，以致又回到惑境。覺悟是恆久的，因爲這不是我們創造出來的，我們只不過是發現它罷了。佛教傳統上用「雲破日出」來說明覺悟的發現。禪修時，我們清除自我的迷惑，以便能暫見覺悟境界。若無無明、不被偏執所阻塞，我們的人生觀便會大大擴展，而得以發現一種不同的存在之道。

迷惑的核心是人所有的「自我感」，此自我感對人們來說，似乎是持續不斷且實在的。起念、動情或出事時，人們便會覺得有某一知者曉得發生了什麼。你覺得自己在讀這些文字，這種自我感其實是瞬息短暫、不相連貫的，但在我們的迷惑中卻顯得十分堅實和持續不斷。由於我們把迷惑之見當眞，於是就力圖維持和加強這個被誤認爲實在的自我。我們盡力讓此「自我」享樂，不讓它受苦。同時，實際的經驗卻始終威脅我們，要向我們揭發一己的短暫無常，所以我們就不斷努力掩蓋任何可以看出自身實相的可能。我們也許會問：「但是如果我們的實相是覺悟的狀態，我們又何必這麼忙著想要避免去察覺呢？」這是因爲我們太專注於自己對世間的迷惑之見，以致誤認世間爲實，誤認世間爲唯一可能有的世間。這種爲了維持有一實在、持續的自我感而做的努力，是「我」之所爲。

不過，「我」在維護自己免於受苦方面，只是部分成功。讓我們對自己所爲生起檢視之心的，是隨「我」之奮鬥而來的不滿。由於我們的自我意識永遠有間斷，慧見因而有乘隙出現的可能。

唯物三王：身王、語王、意王

藏傳佛教用一個有趣的隱喻來形容「我」的運作，那就是「唯物三王」：身王、語王、意王。以下討論「三王」時所說的「唯物」和「神經質」，都是指「我」的行爲。

身王指的是神經質地追求身體的舒適、安全和快樂。我們組織嚴密、崇尚科技的社會，反映出我們心中只想操縱自然環境以保護自己，讓自己不被粗陋、嚴酷、不可預測的人生面所煩擾。按鈕操作的電梯、銷售之前包裝好的肉品、空調設備、抽水馬桶、私人葬禮、退休計畫、大量生產、氣象衛星、推土機、螢光燈、朝九晚五的工作、電視，無一不是爲了要創造一個控制得住、安全可靠、能先測知的快樂世界。

本質上，身王並非是指我們所創造有形的富足與安定的生活狀況，而是指使得我們如此去做、想要控制自然的那種神經偏執。「我」的野心是想使自己獲得安全與享受，並免除一切煩擾，所以我們執著於享受和財產，害怕改變，或又強求改變，企圖創造一個窩巢或玩樂之處。

語王是指對世間運用智性。我們採用一套套分類目錄作爲操縱或管理各種現象的方法。

這種傾向最成熟的產品是意識形態，也就是使人生理性化、正當化、神聖化的各種思想體系。國家主義、共產主義、存在主義、基督教、佛教，全都爲我們提供身分定位和行爲準則，並對萬事萬物如何發生及爲何如此提出解釋。

智性的運用其本身並非語王。語王是指「我」傾向於把任何威脅「我」或騷擾「我」者，都中和化解掉，或轉化爲在「我」看來是正面的東西。語王是指以概念爲濾網，篩檢審查我們的知覺，不讓我們直見實相本然。概念受到過分的重視，被用作鞏固我們世間和我們自身的工具。由可命名的萬物所構成的世界如果存在，那麼「我」這個可命名的萬物之一也是存在的。我們不願留任何餘地給威脅我們存在的疑惑、不確定性或迷惘。

意王是指意識爲保持有「我」之自覺感所作的努力。當我們利用修道或心理訓練來保持自我意識、或執持自我感時，意王就掌握了主權。迷幻藥、瑜伽、祈禱、禪修、催眠狀態、各種心理療法，都可如此利用。

「我」能把一切事物轉爲己用，連靈性修行也包括在內。例如，你若在修道方面學到一種特別有益的禪修法，「我」的態度便是先把它視爲迷人的物體，然後再仔細觀察。最後，由於「我」似乎是堅實的，並不能眞正吸收什麼，以致只能模仿。如此一來，「我」便想要細察和模仿禪修，以及帶有禪味的生活方式。當我們學到了修行遊戲的所有訣竅和解答時，自會想要模仿靈修而不眞修，因爲眞修必須無我，但實際上我們最不想做的就是把「我」完全放棄。但我們並不能切身體驗到自己想要模仿的，僅能在「我」的範圍內，找到與我們所模仿的似乎相同的事物。「我」依其本身的健全和天生素質來說明一切。對於自己能創造這樣一個模式，「我」感到極有成就和興奮。「我」終於創造了一個有形的成就，確認了自己的獨立存在。

如果我們在修道上成功地保持了自我意識的話，那麼我們在修道上就極不可能有眞正的進展了。我們這種保持有「我」之感的習氣，會堅固得難以穿透，甚至達到完全「唯我」、徹底入魔的地步。

意王在破壞靈修上雖是最主要的力量，但其餘二王也能操控修道。回歸自然、離群索居，以及做個單純、寧靜、高尚之人，都能成爲保護自己免受煩擾之道，都可能是身王的表現。或許宗教也能提供我們合理的解釋，讓我們理直氣壯地創造一個安全的窩或簡單舒適的家，找個親切的伴侶和安定容易的工作。

語王也涉入靈修之道。修道時，我們以新的宗教理念代替過去的信仰，但在運用上仍是舊有的那套神經質的方式。不管我們的理念有多麼崇高，如果我們對這些理念過分認眞，並用這些理念保持我們的有「我」之感，我們就仍在語王的統治之下。

如果我們仔細觀察自己的行爲，大多會承認自己至少被三王之一所統治。我們也許會問：「那又怎樣呢？這完全是人生的寫照。沒錯，我們的科技無法讓我們免於戰爭、犯罪、疾病、經濟不安定、苦工、衰老和死亡；我們的理念不能讓我們免於懷疑、不確定性、迷惑和失去方向；我們的療法也無法保護我們可能暫時地達到崇高意境而不致消退，以及讓我們沒有隨之而來的幻滅感和苦悶。但是我們又能如何呢？三王似乎強得難以打倒，而且我們也不知道用什麼來取代。」

昔日曾爲這些問題而苦惱的佛陀，仔細觀察三王統治的方法。佛陀探究爲什麼我們的心要跟著三王走，以及有沒有別的路可行。佛陀發現三王誘惑我們的方法，是從根本上創造一個神話：我們是眞實存在者。但神話畢竟是假的、是大騙局、大詭計，是我們的苦難之根。爲了有此發現，佛陀必須突破三王嚴密的防禦設施，這些設施旨在令其臣民無法發現那項根本上的欺騙，亦即無法發現其權力的來源。除非我們也能層層切穿三王嚴密的防禦設施，否則就絕無可能脫離三王的統治。

以禪修觀察自身的經驗

三王的防禦設施是以我們的心爲材料而建造的，三王用此心材來維持堅實的基本神話。要想親見這個過程如何進行，我們必須仔細觀察自身的經驗。我們也許會問：「可是我們要如何做此觀察？該用什麼方法或工具？」佛陀所發現的方法是禪修。佛陀發現努力找答案是沒用的，只有當努力之中出現空隙時，才能生起慧見。佛陀開始明白自己內心具有清明、覺醒的本質，而此本質僅在不費力時才會顯現出來，所以禪修中含有「順其本然」的成分。

關於禪修，一直存在許多誤解。某些人認爲禪修是心類似催眠的一種狀態；有些人把禪修看作是一種訓練，像是心理體操。但這兩者皆非禪修，儘管禪修的確能對治神經質的心態。對治神經質的心態並不困難，更非不可能。神經質的心態有其活力、速度和某種模式。禪修包括順其本然，即盡力隨順那種模式、活力和速度。這樣，我們便能學到如何對付這些因素，如何與其發生關係；不是要讓它們按照我們的意思成熟，而是我們要如實地了知它們的本來面目，並配合其模式來運作。

有一個關於佛陀的故事，講到有一次佛陀開示一位想要學習禪修的西他（sitar，印度樂器名）名手。樂師問：「我是應該控制自心，還是應該完全不管？」佛陀回答：「既然你是一位樂師，那麼請告訴我你怎樣調樂器的琴弦。」樂師說：「我要把弦調得既不太緊，也不太鬆。」於是佛陀說：「同樣的，你禪修時，既不應過分強要自心如何，也不該讓自心散亂。」此法教是要我們任心如是，開放自在；要我們體會活力的流動，既不加以抑制，也不讓它失控；要我們隨順心的能量模式而行，這就是禪修。

妄念、情緒、概念

一般而言，這種修法是必要的，因爲我們的思想模式或概念化的處世方式，不是管得太多，把自己的想法強加於世，就是徹底放蕩不羈。因此，我們的禪修必須從「我」的表層開始，也就是從心中不斷生起的妄念或閒言閒語開始。三王以妄念爲第一道防線，是欺騙我們的尖兵。我們生起的妄念越多，頭腦的活動越忙，就越會相信自己的存在。所以三王一直企圖激起這些妄念，讓妄念總是陳陳相因、重重疊疊，以致妄念之外別無可見。眞正的禪修是既不想激起妄念，也不抑制妄念，只是順其自然，讓其成爲根本明智的表現，表現出心的覺悟狀態所能有的精確和清明。

不斷製造重重疊疊的妄念這一招若被識破，三王就激發我們的情緒來分散我們的心。情緒令人興奮、多采多姿、戲劇化的特性，抓住我們的注意，使我們覺得好像在觀賞一部扣人心弦的電影。在禪修時，我們既不助長情緒，也不壓抑情緒，看清情緒，順其自然，便能不再讓情緒成爲娛樂和迷惑我們的工具。如此一來，情緒即可轉化爲實踐無我行的無窮活力。

若無妄念或情緒可用，三王便拿出更有力的武器，那就是概念。爲各種現象命名，會令我們覺得確實有一「萬物」構成的世間。這樣一個實在的世間令我們放心，讓我們再度肯定自己也是實實在在、續存無間之物——世間存在，故能察覺感知世間的我亦存在。禪修包括明見概念的透明性，致使命名不再具有使世間及我們的自我形象堅實化的作用；命名變成只是區分的行爲。三王還有別的防禦策略，但太複雜，不宜在此討論。

佛陀觀察自心中的妄念、情緒、概念和其他活動，發現我們無須努力證明自己的存在，也不須受「唯物三王」的統治。解脫無須用力，不費力掙扎即是解脫，達此無我境地便是成佛。能將心材從表現「我」的野心，轉變爲表現根本明智與與覺悟的禪修過程，可說是眞正的靈性修行之道。

修道上的唯物主義

我們是來學修道的。我相信這種追求出自於眞心，但我們不能不對其性質加以深究。問題在於「我」能將任何事物轉爲己用，連修道也不例外。「我」爲了自利，經常企圖獲得和利用修道之法。法教被看作外物，即「我」外之物，或一種我們想要模仿的哲理。我們並非眞要認同法教或與法教合一，因此上師若講「無我」，我們就模仿「無我」。我們依樣畫葫蘆，擺出適當的姿態，但在生活方式上卻不願有所犧牲。我們變成熟練的演員，對法教的眞義裝聾作啞，卻在假裝修道中找點慰藉。

一旦我們覺得自己的行爲與法教矛盾或衝突，就立刻以自圓其說來把衝突擺平；而自圓其說者，即是那個扮演修道顧問的「我」。這種情形有如一個政教分離的國家。政策若不合乎教義，國王自會去找教主或靈修顧問，祈求他的祝福；於是教主便找個藉口，僞稱國王是護教者，而爲國王的政策祝福。個人內心的運作與此幾乎完全相同，因爲「我」既是教主，又是國王。

修道必須破除「我」的自圓其說

要想眞正的修行悟道，必須截斷上述對修道與自己行爲的自圓其說。然而這種自圓其說可不是好對付的，因爲其中一切都透過「我」的哲學和邏輯去看，以致看來無不端整、精確，且很有道理。我們試圖爲每一個問題找到能自圓其說的答案。爲了要使自己安心，我們力求把生活中所有讓我們困惑的情況，全都融入我們的理論體系。而且，我們這種努力是那麼認眞、嚴肅、坦率、眞誠，以致很難令人起疑。我們總是相信自己的靈修顧問是正直完善的。

至於用什麼來自圓其說，則無關緊要。我們可以利用聖書中的智慧，利用圖表、計算、祕方、根本教義、深奧的心理學或任何其他手法。我們一開始評估，決定應做這做那、或不應做這做那時，就已經把自己的修行或知識與「類別」連結在一起了，而「類別」是彼此對立抗衡的；此即修道上的唯物，亦即我們靈修顧問的虛僞道心。我們一有相對的二元觀，如「我這麼做是爲了要成就某種意識，或成就某種存在的境界」，我們就自動與自己的本來面目一分爲二了。

如果我們自問：「評估或取捨有何不對？」答案是：當我們一作出輔助的判斷「我該做這個，不該做那個」時，就已經達到某一複雜的層面，遠離了我們本來面目的單純。所謂禪修的單純，意即只是體驗自我的猿猴天性。除此之外，不管把什麼放在心理上，都會變成厚重的面具或甲冑。

我們必須明白，任何靈修之道的重點，無不在於捨離「我」的官僚形式，也就是捨離「我」不斷希求更崇高、更神聖、更超卓的知識、宗教、道德、判斷、慰藉，或任何「我」所欲得的無盡欲望。我們必須捨離修道上的唯物主義；若不捨離，反而如此去做，我們最後可能會發現自己擁有一大堆修行道徑，而我們也許覺得這些道非常珍貴。我們已經學了那麼多，可能學過西方哲學或東方哲學，修過瑜伽，或許還做過數十位大師的弟子，我們已有成就，已經學成，相信自己已累積足夠的知識。可是在這一切都完成之後，竟然還須放棄什麼，太不可思議了！怎麼會這樣？絕不可能！然而事實偏偏如此。我們所收集的大量知識和經驗，只是「我」的部分展現，只是「我」浮誇性的一部分。我們向世人炫耀這些知識和經驗，藉由這種炫耀讓自己安心，肯定自己是安安穩穩地以「修道」者的身分而存在。

開設「唯物」的古董店

其實我們只是在開店，開了一家古董店。我們也許專門研究東方古物、中世紀的基督教古物、其他文明或時代的古物，但不管怎麼說，我們還是在開店。在沒有陳設很多東西時，店裡是漂亮的；粉刷的白牆、樸素的地板和明亮的吊燈，中央只有一件藝術品，美極了。所有前來的人都欣賞它的美，我們也是如此。

可是我們並不滿足，心想：「一件古物就使我的店變得這麼美，如果有更多古物，我的店必定會更加漂亮。」於是我們開始搜集，結果弄得亂七八糟。

我們到世界各地尋找美麗的東西，我們去印度、日本、去許多國家。每當我們找到一件古物，由於只有一件，所以我們覺得很美，便認爲放在店裡也會很美。但當我們把古物帶回來，放在店裡，古物就加入我們所收集的破銅爛鐵行列了。它不再豔光四射，因爲四周還有那麼多其他美麗的東西；它不再具有任何意義。我們所造成的不是佈滿漂亮古物的房間，而是廢棄舊物充斥的商店！

適當的採購，並不一定要收集大量的資訊或美麗的東西，而是要對每件所購之物能完全欣賞。這一點非常重要。如果你眞的欣賞一件美麗的東西，就會完全認同它而忘了自己。這就像在看一部非常有趣、迷人的電影時，你忘了自己是觀眾一樣。那時，世界沒了，你整個人就是電影的那一幕，這就是我們所說的那種認同——完全投入某一事物。我們曾眞正恰當地嚐過、嚼過、嚥下那件美麗的東西、或那門修道的法教嗎？還是只把它當作那些不斷增加的大量收藏品之一？

我之所以如此強調這一點，是因爲我知道我們來學法教和禪修不是爲了發財，而是眞的想學，眞的想發展自己。然而，我們若視知識爲一個古董或供人收集的「古代智慧」，那就是走錯路了。

就上師的傳承而言，知識不是像古董那樣傳下來的。實際的情形是，上師證得法教的眞諦，傳給弟子的卻是靈感啓示；弟子則一如先前的上師，因此啓示而覺悟。然後弟子又傳給弟子，如是代代相傳，所以法教永遠跟得上時代。法教不是「古代智慧」，不是古老傳說；法教不是當作知識傳下來，不是有如祖父把傳統的民間故事轉述給孫輩。法教不是那樣傳承的，而是一種眞實切身的體驗。

藏文經典中有句名言：「知識必須像純金那樣，經過錘煉才能成爲飾品。」因此，當你從別人手中獲得法教時，不要不加研判，而是要予以錘煉，直到亮麗、高貴的金色出現爲止。然後你再按照自己喜歡的式樣製成飾品，戴在身上。所以，法教可適用於任何時代和每一個人，因爲法教是活的。光模仿上師是不夠的，你並不是想成爲上師的翻版。法教是個人的親身經驗，傳至今日的嗣法者，依然如此。

我的讀者中或許有很多人熟悉那諾巴、帝洛巴、瑪爾巴、密勒日巴、岡波巴等噶舉傳承大師的生平。對那些大師來說，法教是活生生的經驗；對當今的傳承持有者來說，亦是如此。他們的不同之處，僅在生活情境的細節。法教有一特色，就像剛出爐的麵包，還是溫熱的、新鮮的。每一位麵包師傅都必須把烘製麵包的一般知識，運用於自己的麵糰和烤箱，製成之後，還必須親自把新鮮的麵包切開，趁熱吃下。他必須先讓法教成爲自己的，然後依之而修，這是非常鮮活的過程，沒有所謂收集知識的那種自欺。我們必須在自己的經驗上下功夫。若有疑惑，我們不能回頭去找收集過的知識，企圖從那裡獲得一些肯定或安慰，以爲「上師和法教都站在我這邊」。修行之道不是這樣走的；修行之道是一條孤獨的個人之道。

問：您認爲修道上的唯物是美國特有的問題嗎？

答：每當法教傳入另一個國家，修道上的唯物問題就更加嚴重。目前美國無疑是接受法教的沃土，但也就是因爲美國這麼肥沃、這麼想要求道，才有可能招來冒充得道者的騙子。騙子不會選擇做騙子，除非得到鼓勵。若無此鼓勵，爲了發財、成名，他們會去當強盜搶銀行。由於美國求道心切，宗教乃變成發財、成名的捷徑，結果我們看到有騙人的假上師和假弟子。我想此刻的美國是一個非常有趣的地方。

問：您有沒有以哪一位現仍健在的大師，作爲追隨的上師？

答：目前沒有。我的上師和老師都留在西藏沒出來，與我此身天各一方，但他們之所教與我同在，而且繼續如此。

問：那麼您如今大致是追隨誰呢？

答：境遇即是我上師的言教與身教。

問：釋迦牟尼佛成覺之後，有沒有殘留一點「我」來繼續弘法？

答：弘法是巧合，他沒有弘不弘法的欲望。一連七週，他獨自坐在樹蔭下，走在河岸邊，碰巧有人來了，他才開始講話。你別無選擇，你人在那兒，完全敞開。情況自動出現，弘法應運而生，此即所謂「佛行」。

問：無般般求道的欲望是很困難的。這種求道之欲，是不是會隨著修道而遞減？

答：你應該讓初始的衝動漸漸平息。初始的求道衝動會將你置於某種特殊的靈修之境，但你若在那種衝動上下功夫，它便會逐漸消逝，到了某一階段，就變得單調乏味了。這是一個很有用的訊息。你看，跟自己打交道，跟自己的經驗打交道，眞是必要的。若不如此，靈性修行的道徑便成了險途，純爲外在的娛樂，而非活生生的個人經驗。

問：你若決心尋求出離無明之道，就幾乎可以確定你所做的一切，只要讓你覺得舒服，便是對「我」有利，而這實爲修道之障。在你看來是對的，其實全是錯的；凡是不把你顚倒過來的，都會把你埋葬起來。有沒有什麼方法可以脱離這種困境？

答：你若做了似乎是對的事，那並非說你的作為有錯，道理很簡單：根本沒有對錯的問題。你不落二邊，既非為「善」，也非作「惡」，而是在超越「彼」「此」的整體上下功夫。我稱之為完整的行為，並不是偏向一方的行為。而一切與善惡有關的行為，則似乎都是偏向一方的。

問：你若感到困惑，而力圖走出困惑，那似乎是過分努力了。但你若完全不用力，是不是又成了自欺？

答：沒錯，但這並非說你必須過極端的生活——不是過分努力，就是完全不用力。你必須依「中道」行事。所謂中道，即是一種「如實存在」的完整境界。我們可以用很多詞句來描述這種境界，但實在說來，你必須去做才行。你若眞正開始過中道的生活，自然會瞭解、會找到。你必須讓自己信任自己、信任自己的智性。我們是了不起的人，內心有了不起的東西，我們得讓自己如實自在。外來的援助幫不上忙。如果你不願意讓自己成長，就會陷入自我毀滅的迷惑過程；那是自我毀滅，而不是他人毀滅你。迷惑之所以有力，原因就在它能導致自我毀滅。

問：什麼是信（faith）？信有用嗎？

答：信有單純、信賴、盲目的信仰，也有明確、堅定不移、不可摧毀的信心。盲目的信仰沒有靈感、非常天眞，雖無大害，亦無創造力，因爲你的信仰從未跟自己有過聯繫或溝通，所以沒有創造力。你只是非常天眞地盲目接受整個信仰。

至於信心的信，則是理直氣壯的信。你不指望有現成的解決之道莫名其妙送上門來，而只是針對現狀下功夫，毫無疑懼地涉入其中。這種做法極具創造力和正面的意義。你若有明確堅定的信心，你對自己便會極有把握而無須自我檢查。那是確實瞭解現狀的絕對信心，因此你能因應每個新情勢之所需，毫不遲疑的另闢蹊徑。

問：什麼是你修道的嚮導？

答：實際上，似乎沒有任何特定的嚮導。其實如果有人做你的嚮導，那就值得懷疑了，因爲你所依賴的是外在的事物。完完全全做你自己、如你之本然，這成爲你的嚮導，但並非作爲你的先驅，因爲你沒有一個嚮導可以追隨。你不必跟在別人後面跑，然而你乘風破浪，勇往直前。換句話說，嚮導不是走在你前面，而是與你同行。

問：您能否多談一談禪修如何讓「我」的防禦措施短路？

答：「我」的防禦措施包括自我檢討，此即那種不必要的自我反省。禪修的基礎不是以自我檢討的方式去修某一個主題；禪修是完全認同你所使用的任何修法。因此，禪修不在保全自我方面下功夫。

問：我似乎生活在精神的垃圾場裡，我要怎樣才能把它轉變成擺放一件藝術品的簡樸房間？

答：爲了能欣賞你的收藏，你必須從一件收藏品著手。你需要找一塊踏腳石，或一個靈感之源。也許你仔細研究了一件，其餘的收藏品就用不著研究了。那一件物品可以是你從紐約弄來的一個路標，連這麼微不足道的東西也行，但你必須從一件東西著手，欣賞它的單純，欣賞這件垃圾或美麗古董的樸拙。我們若能從單一事物著手，就等於是在一間空室裡放一件東西。我想這是找踏腳石的問題。由於我們的收藏品太多，以致不知從何處下手，此即主要困難所在，你不得不讓自己的本能決定要先挑哪一件。

問：爲什麼您認爲人都那樣保護自我？「我」爲何那麼難以放下？

答：人們害怕虛空之「空」，怕沒同伴，怕沒形影相依者。與人無因緣、與諸事無關、跟什麼都攀扯不上，這些感受是很可怕的。即使只是想想，而不是實際經驗，也會令人感到極端恐怖。一般來說，我們怕的是空，怕沒有堅實可靠之處可以落腳，怕失去被視若堅實確定之物的身分。這種恐懼會對我們構成極大的威脅。

歸服

講到這兒，我們可能已獲得結論：我們應該放下修道上的唯物遊戲，也就是說，我們應該放棄努力，不再企圖自衛和改善自己。我們可能已經約略看出自己的奮鬥徒勞無功，或許想要放棄，想要完全放棄自我防禦的努力。但是我們之中有多少人眞的能做到這一點？想做到並不像我們所想的那麼簡單。我們究竟能放下和敞開到什麼程度？到什麼程度我們又會變成自衛了？

在此演講中，我們要討論歸服（surrendering），特別是就處理自己的神經質心態與依止上師修行之間的關係來討論。歸順「上師」可意謂對人生處境敞開自心，也可意謂對一位上師敞開自心。不過，如果我們的生活方式和靈感都是傾向敞開自心的話，就幾乎可以確定我們必會爲自己尋得一位上師。因此，在下面幾場談論中，我們要強調個人與上師的關係。

歸順上師的困難之一，是我們對上師的先入之見和期望。我們滿腦子都在想，當自己跟上師在一起時想要獲得何種經驗：「我想見到這個，那會是看見它的最好方式；我願體驗這種情況，因爲這跟我所期望和迷戀的完全一致。」

我們想爲事物分門別類，想讓情況配合我們的期望，但我們所期待的卻一點也不能打折扣。如果尋求上師，我們便會期望他既神聖又賢達，既平和又安詳，是一個單純又有智慧的人；一旦發現他不如我們的期待時，便會頓感失望而起疑。

歸服意謂完全敞開自己

若要建立眞正的師徒關係，我們必須放棄自己在師徒關係與敞開、歸順方面的成見。歸服意謂完全敞開自己，力求超越迷戀和期望。

歸服也意謂承認「我」的生澀、粗野、笨拙和令人憎惡的品質，然後把這些都放棄。一般而言，我們覺得交出和放棄自我的粗野品性很難。我們雖然會恨自己，但同時也把恨自己當作一種職業。儘管我們會討厭自己的眞相，而且覺得自責很痛苦，但還是不能完全放棄自責。一旦放棄自責，我們便會有失業的感覺，好像自己的工作被人搶走了。什麼都放棄，便不再有職業，也就沒有寄託了。自我評估和自我批評，基本上是神經質的傾向，是自信不足的結果。所謂自信，是指如實地看清自己、了知自己，曉得自己有敞開的能力。我們的確有能力放棄粗野、神經過敏的自我性質，走出迷戀和成見。

我們必須放棄希望與期待，同時也要放棄恐懼，直接進入失望、處理失望、投入失望，讓失望成爲我們的生活之道。這件事做起來很困難。失望是根本明智的好徵象，無可比擬；失望是那麼敏銳、精確、明顯和直接。我們若能敞開，便會突然發現自己的期望跟眼前的現實情境是兩回事，這自然會令我們感到失望。

在佛法之道上，失望是最好用的車乘。它不確認「我」及「我」的美夢之存在。不過，如果我們涉入修道上的唯物主義，認爲修道是積聚學問與善德的一部分，讓修道成爲增強自我的一種方法，那麼整個歸服的過程當然就被扭曲了。如果我們把修道視爲令自己安樂舒適的方法，那麼一碰到不愉快或令我們失望的事，我們便會想辦法合理化：「這當然是上師的明智之舉，因爲我知道上師不會做有害的事，這一點我很有把握。『上師』是完美的人，『上師』所爲全是對的；不管『上師』做什麼，全是爲了我好，因爲他是袒護我的，所以我能敞開，安全地放下一切。我知道自己走的是正道。」這種態度並不完全正確，頂多只能算是純潔、天眞。我們被「上師」的威嚴高貴、鼓舞人心和多采多姿那一面迷住了，不敢有任何其他的想法。我們有了堅定的信心，確信自己的一切遭遇都是修道上成長的一部分。「我辦到了，我證得了，我是靠自己努力而成功的人，我大體上無所不知，因爲我研讀過書籍，而書中所說認可了我的信仰、我的無誤、我的觀念——一切相符。」

我們還可用另一種方式保持原狀，不眞實的歸服，藉口是我們覺得自己是極有教養、世故、尊嚴的人。「我們當然不能把自己投入這個骯髒、庸俗的現實社會。」我們覺得自己踏出的每一步都該在蓮花上，同時我們也發展出一種邏輯，能將任何際遇都依自己的感覺來解釋。就算跌倒了，我們也能讓自己摔在柔軟之處，不受衝擊。然而歸順屈服，並不包含準備輕緩著陸，而是意謂直落下去，不管落處是一般的硬地，還是多岩石的荒野。一旦我們敞開自己，就隨處可落。

傳統上是用頂禮之類的修行來象徵歸服，是以五體投地表示歸順。同時，我們在心理上敞開、完全臣服，把自己視同最低下者，認知我們粗野不馴的品質。一旦我們把自己視爲最低下者，就不再害怕會失去什麼。如此一來，我們把自己預備成一個空無的容器，可以去承受法教了。

三皈之要

在佛教傳統中，有一套基本的儀軌：「我皈依佛，我皈依法，我皈依僧。」我皈依佛即是歸順的實例，承認自己的結構有負面之處而坦誠面對的實例。我皈依法即是皈依生存的法則或如實的生活，我願意睜開眼睛如實地去看人生的境遇；我不願以修道或神祕的眼光視之，而願見到人生的本然實況。我皈依僧，「僧團」是指在修道上的社群團體，即同修。我願意和同儕朝聖者、求法者、與我同行的人們，分享我對整個生命情境的經驗，但我並不願意依靠他們以獲得支援。我只願意與他們偕同前行。當我們走在修道之旅上，有一種非常危險的傾向，就是相互依靠。如果一群人都相互依賴著，那麼若有一人傾跌了，每個人就都會跌倒。所以我們不依靠任何人，我們只是一起同行，肩並肩，共同共事前進。這種歸服之道和皈依的觀念，是非常深奧的。

錯誤的皈依方式中，含有尋求庇護所的成分，如崇拜大山、日神、月神或任何一種神祇，只不過因爲這些似乎比我們偉大。此種皈依類似小孩的反應，當他說：「你要是打我，我就告訴媽媽。」媽媽在小孩心目中是偉大、極具權勢者的典型，小孩若受到攻擊，自然會去找媽媽這個無敵、全知、全能的人物。孩子相信媽媽會保護他，其實媽媽也是唯一能幫助他的人。皈依如母或如父者，是眞正自我挫敗；尋求皈依者沒有眞正基本實力、毫無眞正的靈感，老是忙著評估誰的力量比較大、誰的力量比較小。如果我們小，那麼比我們大的就能把我們毀滅。我們皈依，是因我們不能弱小而無保護。我們傾向於用道歉的語氣說：「我是這麼地微小，但我承認你的偉大。我願崇拜你和附屬於你的偉大，請你保護我好嗎？」

歸服不是自認低賤和愚蠢，也不是想要崇高和深奧，這與層次和評估無關。我們歸服是因爲願意與世間之本然如實溝通。我們不必把自己列爲學者或愚人。我們知道自己的立場，因此表示歸順、敞開，也就是直接與我們所歸順的對象溝通、聯繫。我們不因自己積聚了那麼多的粗野不文、美好和清淨的品質而感到不自在，我們把一切都呈獻給歸順的對象。在基本的「歸服」行爲中，不包括對外力的崇拜，而有與啓示者合作的意味，這樣你乃成爲一個敞開的容器，使得知識能夠注入。

因此，與一位善知識合作時，必須先有敞開與歸服的準備。我們承認自己在根本上的富足，而不悲歎自己在想像中的貧乏。我們知道自己堪受法教，也足以享受豐富的修學機會。

上師

一旦學習修道，便面臨了一個問題，那就是我們與能讓我們悟道的法師、喇嘛、上師（或不管我們怎麼稱呼這些人）之間的關係。這些名稱，特別是「上師」，在西方已產生誤導的意義和聯想，常把「何謂跟上師學」這個問題弄得更加混淆不清。這並非說東方人知道如何與上師相處，而西方人不知道，問題是普遍性的。人們總是懷著成見學習修道，對於要學得什麼，以及如何與自認為能傳授他們之人打交道，心中已有固定的看法。相信自己能從上師那裡有所得，如：得快樂、得心安、得智慧、或得任何所欲得者，這種「可得到什麼」的觀念，便是最難克服的成見之一。因此，我認為仔細觀察某些著名弟子如何處理修道問題，以及如何與上師相處，對我們會有助益。或許這些實例，會跟我們自己的探索有些關聯。

瑪爾巴是最著名的西藏大師，也是我隸屬的噶舉傳承重要祖師之一。他師事印度大師那諾巴，最著名的弟子是密勒日巴。

瑪爾巴漫長的求法之道

瑪爾巴是一個完全靠自己努力而成功的典型代表。他生於農家，年輕時就心懷大志，選擇學術與傳法作爲他的主要之路。我們可以想像得到，一個農家之子，要能在當時當地的宗教傳統中，將自己提升到傳法的地位，必須付出多麼大的努力和決心。在十世紀的西藏，像他那樣的人想得到一丁點名聲地位，只有幾條路可行，那就是經商、當土匪、或是當喇嘛。在那個時代可以在當地傳法，大約等於現今當上了醫生、律師和大學教授三者的總和。

瑪爾巴從學習語文入手，他學藏文、梵文、幾種其他語文和印度口語。學了差不多三年，就能以學者的身分開始賺錢了。他把賺來的錢都用在研究宗教上，終於成爲一個普通的傳法者。因爲這樣的地位，使他在地方上小有名氣，但他並不以此爲滿足，所以儘管他已結婚，有了家眷，還是繼續存錢，直到積攢下很多黃金。

於是，瑪爾巴向親屬宣佈要去印度收集經教。當時印度是世界佛學研究中心，也是那瀾陀大學所在地，以及許多最偉大佛教聖哲的家鄉。瑪爾巴的目的是去研究、收集西藏所沒有的經典，然後帶回來翻譯，使自己成爲一位偉大的學者譯師。當時、甚至晚近，從藏赴印是一段漫長而危險的旅程。瑪爾巴的家人和長輩都極力勸阻他，但他已下定決心，於是便與一位也是學者的朋友一起動身了。

經過數月的艱苦旅程，他們越過喜馬拉雅山，進入印度，繼續向孟加拉前進。到了孟加拉，他們就各奔前程。由於在語言和宗教方面，兩人的學識都很淵博，因此決定各按自身所好，分別尋師。他們在分手前相約來日要再聚，以便結伴返鄉。

當瑪爾巴旅經尼泊爾時，偶然間聽人談到大名鼎鼎的那諾巴上師。那諾巴做過那濫陀大學的校長。那濫陀大學可能是有史以來最偉大的佛學研究中心。就在那諾巴的事業達到巔峰時，他卻覺得自己所瞭解的只不過是教法的皮毛，而非眞義，於是放棄職位去尋找上師。他在帝洛巴上師那裡連受了十二年的苦，才終於證悟。當瑪爾巴聽說那諾巴的名字時，那諾巴已被公認是佛教有始以來最偉大的聖人了。瑪爾巴當然要去找他。

得遇賢師那諾巴

瑪爾巴終於找到那諾巴，他住在孟加拉森林中一處簡陋的屋子裡，過著貧窮的生活。瑪爾巴原先以爲這樣一位大師的居所，一定是某種極精緻和有宗教氣氛的建築，因而當時不免有些失望。不過他早已對印度的新奇事物感到迷惑不解，所以也就甘願不去計較了，心想：也許這就是印度上師們的生活方式吧！同時，那諾巴的聲望也壓倒了瑪爾巴的失望。瑪爾巴將帶來的大部分金子供養給那諾巴，並向他求教。瑪爾巴自我介紹說他來自西藏，已婚，是喇嘛、學者和農夫，並說他不願放棄自己奮鬥得來的既有生活，想進一步收集法教，帶回西藏翻譯，以便多賺點錢。那諾巴很輕易地就答應了，並爲瑪爾巴說法開示。一切都進行得很順利。

過了一些時候，瑪爾巴認爲所收集的法教已經夠用了，便準備返回西藏。他先到一個大城鎮的小旅館，與原先同來印度的朋友會合，兩人坐下來比較各自努力的成果。瑪爾巴的朋友一看到他收集到的法教，就哈哈大笑說：「這些法教一文不值，西藏早就有了！你一定是找到更令人興奮和稀罕的東西而沒拿出來吧！我就找到了奇妙的法教，都是從極偉大的上師那裡得來的。」

瑪爾巴非常沮喪、懊惱。千里跋涉來到印度，歷經了那麼多的艱辛，花了那麼多錢，所得竟是如此！他決定回到那諾巴那兒再試一次。他回到了那諾巴住的小屋，請求那諾巴再教他更稀有、更有印度風味、更高級的東西。出乎意外地，那諾巴對他說：「抱歉之至！我無法教你這些東西，你得另請高明。此人名叫庫庫瑞巴，要找他並不容易，尤其是他住在湖中的小島上，湖水全是毒水。如果你想得到這些法教，就非去見他不可。」

到了這個時候，瑪爾巴什麼都顧不得了，決心前往。再說，竟然連那諾巴都無法傳授庫庫瑞巴的法教，可見他有多麼高明了。而且他既然能住在毒湖之中，想必是一位了不起的上師和偉大的神祕家。

庫庫瑞巴的神奇指引

就這樣，瑪爾巴動身了。他千方百計總算渡過毒水，上了小島，開始尋找庫庫瑞巴。結果他發現庫庫瑞巴是一位印度老人，與數百隻母狗爲伍，生活環境骯髒不堪，要說這種情形是「怪異」，算最客氣的了。儘管如此，瑪爾巴還是趨前搭話，所得的回應卻是胡言亂語、不知所云。庫庫瑞巴所講的話似乎毫無意義。

當時的情況使瑪爾巴幾乎無法忍受，他不僅完全聽不懂庫庫瑞巴講的是什麼，還要隨時提防那數百隻母狗。每當他跟一隻母狗混熟了，另一隻又對他狂吠，作勢欲咬，弄得瑪爾巴簡直要發瘋了。他放棄一切——放棄了記筆記，放棄了求取任何密教的企圖。就在此刻，庫庫瑞巴又開口說話了。這一回說得清清楚楚，有條有理，狗兒也不再找他的麻煩。瑪爾巴乃得以受教。

瑪爾巴在庫庫瑞巴那裡學完後，又回到原來的上師那諾巴那兒。那諾巴對他說：「現在你必須返回西藏，弘揚法教。只在理論上得到法教是不夠的，你還必須在實際生活情況中切身體驗，然後你可以再回來進修。」

瑪爾巴與朋友再度會合，一起動身開始了返藏的漫長旅程。他的旅伴也學得了不少，兩人都有成堆的筆記。他們一邊走，一邊討論彼此所學。不久後，瑪爾巴開始對他的旅伴感到有些不安。他的旅伴似乎對他所收集的法教問得越來越多，他們的談話老是轉向這一方面。最後，他的旅伴確認了瑪爾巴所得到的法教比自己的更加寶貴，不免大爲嫉妒。在渡船上，瑪爾巴的旅伴開始抱怨行李太多，坐著不舒服，他假裝爲了舒服點而扭動身體，實際上卻藉著扭動身體之便，把瑪爾巴的筆記全丟到水裡去了。瑪爾巴雖然拚命設法搶救，但已太遲了。他花費那麼多心血收集的法本和經典，一瞬間全部付諸東流。

瑪爾巴垂頭喪氣地回到西藏。關於旅途見聞和學法情形，他有說不完的故事，而能證實他的學識與經驗的東西，卻一點也沒有。不過，他還是工作，又教學了好幾年，直到有一天，他驚奇的領悟到，他在印度所作的筆記就算沒有丟，也毫無作用。在印度時，他只把自己不瞭解的法教記下來，而沒有記下已與他自身經驗融合的法教。過了這麼多年，他才發現那些法教確實已經成爲他的一部分了。

有了這項發現，瑪爾巴原先想靠教學賺錢的欲望已完全消失。他不再關心自己的名利，一心只想要覺證。爲了供養那諾巴，他又積聚砂金，再度赴印。這一次，他心中只是渴望見到上師並求得法教。

舉世皆為黃金

然而，瑪爾巴與那諾巴這次的會面，與前一次完全不同。那諾巴的態度似乎非常冷漠，幾乎含有敵意。那諾巴開口就說：「能再度見到你，很好。你有多少金子可以來買法教？」瑪爾巴帶了很多金子，不過他想留下一些自用，並作爲返藏的旅費。所以，他打開口袋，只拿出一部分金子給那諾巴。那諾巴看了看他的供養，說：「不行，這不夠。要我教你佛法，還得多來點兒金子才行。把你的金子都給我。」瑪爾巴又給了他一些，但那諾巴要求更多。就這樣一來一往、討價還價直到最後，那諾巴大笑起來，說：「你以爲能用欺騙來買我的佛法嗎？」聽了這話，瑪爾巴讓步了，他把所有的金子都給了那諾巴。瑪爾巴萬萬沒想到，那諾巴拿起裝金子的口袋，把袋中的砂金全扔到空中去了。

突然間，瑪爾巴感到極度的困惑和懷疑，因爲他不清楚到底發生了什麼事。他曾爲了買想要的法教而努力積聚金子，那諾巴似乎也曾表示需要金子作爲教導瑪爾巴的代價，可是現在那諾巴卻把金子全扔了！這時，那諾巴對他說：「我要金子做什麼？整個世界都是我的金子！」

對瑪爾巴來說，這才是敞開求法的偉大時刻。他敞開了，可以接受法教了。此後，他與那諾巴相處很久，接受嚴格的訓練。他不再像先前那樣，只用耳朵去聽法教，而是身體力行。他不得不放棄所有的一切，不僅是物質方面的，還有他內心深處所隱藏的。這可說是一個繼續不斷敞開與歸服的過程。

密勒日巴所受的無盡煎熬

密勒日巴在修道上的發展，與瑪爾巴頗不相同。密勒日巴是小農，學問與修養比起瑪爾巴見那諾巴時差得多，而且他還犯過多種罪，包括謀殺。他很苦悶，極想成覺，因此無論瑪爾巴向他要多少報酬，他都願意償付。於是，瑪爾巴要他付出眞切操勞其筋骨的苦力。瑪爾巴叫密勒日巴爲他一連建造多所房屋，每建好一所，瑪爾巴又叫他拆掉，而且要他把所有建屋用的石材全都搬回當初找到它們的地方，以免破壞風景。每次瑪爾巴命令密勒日巴拆房子時，都會提出荒謬的藉口，如當初叫他蓋房子說的是醉話，或說從未叫他蓋這種房子。密勒日巴都因一心求法而遵命行事，拆了再蓋。

最後，瑪爾巴設計了一座九層高摟。密勒日巴搬石建樓，身體承受極大的痛苦。建好之後，他去見瑪爾巴，再度乞求法教。瑪爾巴卻對他說：「只因爲我建了這座高樓，就想從我這裡獲得法教，有那麼簡單嗎！恐怕你還得給我一分禮物作爲拜師費才行。」

密勒日巴把時間和勞力都用在蓋房子上，以致此刻一無所有。幸虧瑪爾巴的妻子達媚瑪同情他，對他說：「你蓋的那些房子，充分表現出你的虔誠和信心。如果我給你幾袋大麥和一匹布作爲拜師禮，我的先生一定不會介意的。」於是密勒日巴帶著大麥和布到拜師的圓壇去。瑪爾巴正在那裡說法，密勒日巴把自己的禮物跟其他弟子的禮物放在一起，作爲拜師費。但當瑪爾巴認出密勒日巴所獻的禮物時，勃然大怒，對著密勒日巴吼叫道：「這些東西是我的，你這個假冒僞善的人！你想騙我！」然後一腳把密勒日巴踢出圓壇。到了這個地步，密勒日巴完全放棄了想獲得瑪爾巴傳法的希望。在絕望中，他決定自殺。就在他要動手時，瑪爾巴來了，說他隨時可以接受法教。

接受法教的過程，全看弟子如何以某種形式回報；某種心理上的歸服、放下是必要的，這也可算是禮物。這就是爲什麼我們在談師徒間的關係之前，先要討論歸服、敞開和放棄希望。放下自己、敞開自己，把你的眞實面目呈現在上師面前，而不是擺出一副堪受法教的弟子模樣。至於你願意付出多少，你的行爲是如何中規中矩，以及你多麼善於對上師說恰當的話，都無關緊要。這跟求職的面談或購買新車不同。你是否能獲得那份工作，端視你的證件是否合格、衣著是否合宜、皮鞋是否擦亮、談吐是否文雅、禮貌是否周到。若是買車，就看你有多少錢，以及你的信用如何了。

「上師」一辭的濫用

但一談到修道，就需要有些其他的事物。這不是求職，不是要整肅儀容以便給未來的雇主一個好印象；這種虛詐，在跟上師面談時用不上，因爲他能把你看穿。我們若爲了跟上師面談而特別打扮自己，上師會覺得好笑。奉承在此不能適用，因爲實在是枉費心機。我們必須坦誠的面對上師，甘願放棄所有成見。密勒日巴期望瑪爾巴是位大學者和聖人，身著瑜伽士服、項掛念珠、口誦眞言、閉目打坐。實際上，他卻發現瑪爾巴在田間工作，指揮工人，耕耘土地。

「上師」這個名詞，在西方恐怕是被濫用了，不如以「善友」相稱爲妙。因爲法教強調心心相印，那是彼此溝通，而不是崇高的開悟者與悲慘的迷惑者之間的主僕關係。在主僕關係之下，崇高的開悟者甚至看起來可能不是坐在座位上，而是浮身於空，居高臨下，向我們垂視。他的聲音穿透、遍滿虛空，他的一言、一咳、一動，都成了智慧的表現。但這是夢想，不是事實。上師應是善友，他把他的品質呈現給我們，一如瑪爾巴之於密勒日巴，或那諾巴之於瑪爾巴。瑪爾巴呈現出農夫瑜伽士的特質，有七個子女和一個妻子，他照顧農地，以耕種維持自己和家人的生活。但這些活動只是他生活的尋常部分。他愛護弟子，一如愛護莊稼和家人。他做事徹底，注意生活細節，以致他不僅成爲勝任的父親和農人，而且成爲勝任的上師。瑪爾巴的生活方式裡，根本沒有物質上或精神上的唯物。他並不因強調精神性而忽略了家庭、或者他在身體上與大地的關係。你若在精神上和身體上皆不唯物，就不會偏重於任一極端。

你若僅因某人赫赫有名、著作等身、信徒成千上萬，就選擇他做你的上師，這對你也是沒有助益的。你所必須依據的準則，在於你能否與他直接、完全的溝通。你自欺的程度如何？如果你眞的對善友敞開自己，那麼你就一定會跟他合作。你能適當地、完全地向他傾吐肺腑之言嗎？他對你有什麼瞭解？他對自己又知道什麼？這位上師眞能看穿你的面具，而恰如其分的與你直接溝通嗎？尋求上師一事，似乎應以此爲準，而不是根據他的名聲或智慧。

有一個有趣的故事，講到一群人決定跟隨一位西藏上師修學。他們已經跟別的上師學過了，但又一心想跟這位上師學習。他們都急於想做他的弟子，因此都想參謁他。但這位大師完全不接受，他說：「只有在一種情況下，我才肯收你們爲弟子，那就是你們願意拋棄以前的上師。」他們都向他懇求，說自己對他是如何虔誠、說他的名聲是多麼偉大，以及他們有多麼想跟他修學。但大師還是不肯，除非他們能滿足他所提出的條件。最後，除了一個人外，其餘都決定拋棄過去對他們教誨甚多的上師。看到這種情形，上師似乎頗爲高興，叫他們次日再來。但當他們再去時，上師對他們說：「我知道你們的僞善。下一次當你們去找另一位上師時，就會拋棄我了。滾出去！」說完，便把眾人全都趕走，只留下珍視過去所學的那位，因他不肯玩騙人的把戲，不肯爲了取悅上師而掩飾自己的眞面目。你若想跟上師交友，就必須單純、開放，這樣才能有對等的溝通，切莫企圖贏得上師的青睞。

脫去僞善的厚皮

若要讓上師接受你爲友，你必須完全敞開自己。若想敞開自己，你可能要接受善友和日常生活狀況的考驗，而所有這些考驗都會以令你失望的姿態出現。在某一階段，你會懷疑善友對你完全無情，這其實是在對付你的僞善。僞善或「我」的假面具和根本癖極其頑固——它的皮很厚。我們易於穿上層層甲冑，這種僞善十分濃密，具有多層，以致脫去一層又出現一層。我們希望不必完全脫去，希望只脫掉少數幾層就能見人。我們穿著剛露出來的甲冑，面帶逢迎之色去見善友，但我們的善友卻全無甲冑，而是一個赤裸裸的人。跟他的裸體相比，我們簡直是水泥加身。我們的甲冑厚得讓善友感覺不到我們的皮膚，觸摸不到我們的身體，甚至連我們的面目都看不清。

有許多故事講過去師徒的關係，說那時弟子必須長途跋涉，受盡千辛萬苦，直到他的著迷和衝動開始衰退。重點似乎就在此。有所追求，本是一種煩惱，而當此衝動開始衰退時，我們的本來面目便開始出現，同時也開始有了心與心的溝通。

曾有人說，與善友會晤的第一階段，猶如去超級市場。你很興奮，夢想著要買的各種東西，也就是夢想著善友的富足及其個性的多采多姿。第二階段的彼此關係，猶如上法庭，你像是犯罪似的，你無法滿足善友的要求，開始覺得不自在，因為你曉得善友對你的瞭解跟你對自己的瞭解一樣多，這是很令人不安的。在第三階段，去見善友猶如去看草地上欣然吃草的牛，你只是讚歎牛的安詳和該處的風景，隨即繼續前行。最後，與善友交往的第四階段，猶如途經一塊岩石，你看都不看一眼，只是從旁走過而已。

起初，你有一種取悅上師的表現，猶如求愛，你關心的是能贏得上師多少青睞；你想要親近善友，因為你真的想修學。你對他極感欽佩，但他又非常可怕，老是讓你等待。因此，不是情況不如你所預期，就是你有一種不自在的感覺：「我可能無法完全徹底敞開自己。」於是，一種愛恨交織的關係，一種歸服與逃開的過程，逐漸產生。換言之，我們開始要把戲，玩一種想要開放、想要與上師戀愛，結果又想離開上師而跑遠的遊戲。我們若與善友過分親近，便會生起受制於他的感覺。誠如西藏的古老格言：「上師如火，近之則被燒傷，遠之則不夠熱。」這種求愛的情形會發生在弟子身上——你容易過分親近上師，但一如此就會被燒傷，於是你便想一走了之。

歸服上師的過程

你與上師的關係，終於落實且靠得住了。你開始明白，想要親近上師或疏遠上師，全是你自己玩的把戲。這與實際情況無關，不過是你的幻想而已。上師或善友始終在那兒燃燒，始終是生命之火，你自己可選擇是否要如此若即若離。

接著，你與善友的關係變得極具創造性——你接受被他壓制和疏遠的情況。他冷若冰霜，你接受；他熱情如火，你也接受。什麼都不能動搖你，你跟他協調和解了。

下一階段是，在接受善友所做的一切之後，你開始失去自己的靈感，因爲你已完全歸順、放棄，你覺得自己縮成一粒微塵，微不足道。你開始覺得唯一存在的世界，就是這位善友或上師的世界。你好像在看一場迷人的電影，情節是如此扣人心弦，以致你成爲其中的一部分。這時沒有你，也沒有電影院、座椅、觀眾，以及坐在身旁的朋友；唯一存在的就是電影。這叫「蜜月期」，這段期間一切都被視爲上師這位中心人物的一部分，你只是一個毫無用處、微不足道的人，不斷接受這位偉大、迷人的中心人物的餵養。你一覺得虛弱、疲倦或厭煩時，就去電影院；只要往那兒一坐，便能得到娛樂、振奮而返老還童。此刻對個人的崇拜是最突出的現象——上師是世上唯一活生生存在的人，你的人生意義全繫於上師；你死是爲他而死，活是爲他而活，你自己無足輕重。

不過，這種跟善友的戀愛無法永久持續，熱情遲早會消退，你也必須面對自己的生活處境和心理狀態。這就像結了婚，度過了蜜月，你不再僅是感到所愛之人是你注意的焦點，同時也開始注意他或她的生活方式。你開始注意在上師的個性和人格之外，還有什麼使他成爲上師。這樣一來，「上師無所不在」之理，就成了你的發現之一。你在生活中面對的每一個問題，都是婚姻的一部分。一遇到困難，你就聽到上師所說的話語。這是一個人開始獨立，不再視上師爲情人的時刻，因爲每一種狀況皆成爲法教的一種展現。你先是對善友歸服而放下一切，然後試著與他溝通、跟他耍花招，如今你已到了完全開放的境界。因開放之故，你開始在人生每一處境皆見上師的質地，所有人生處境都讓你有機會像跟上師在一起時那樣開放，以致一切事物皆可成為上師。

密勒日巴在「紅岩寶谷」這個嚴格的閉關之所修觀時，曾在幻象中清楚看到他的上師瑪爾巴。由於他餓得身體虛弱，再加上風吹雨打，使得他在洞外撿柴時昏了過去。當他醒過來後，向東方望去，只見瑪爾巴居住之處有白雲朵朵，他心懷熱望，唱歌祈求，傾訴他是多麼想跟瑪爾巴在一起，於是瑪爾巴在靈視異象中向他顯現。瑪爾巴騎著雪白的獅子，對他講話，內容大致是：「你怎麼啦？是不是在發神經啊？你懂得佛法，繼續修行吧！」密勒日巴以此為安慰，又回到洞穴去修行了。他對瑪爾巴的依戀，顯示出他當時尚未擺脫以上師為個人之友的觀念。

然而，當密勒日巴回到洞中時，發現裡面全是魔鬼，眼大如湯鍋，身小如拇指。他想盡辦法試圖阻止他們的嘲弄，但他們就是不肯離去，直到密勒日巴終於不再跟他們耍花招，而認知自己的偽善，並向開放讓步為止。從那時起，你可以看出密勒日巴的曲風有了重大轉變，因為他已學到了認同上師的普遍性，而不再僅以瑪爾巴為單獨的個人來與他發生關聯。

上師遍在，不分內外

善友不僅是個人或外人，同時也成了你的一部分。如此一來，於內於外，上師都在透視並暴露我們在僞善方面扮演重要的角色。上師可作爲一面明鏡，能反映你，或者你自己的根本明智顯現成爲善友。當內在的上師開始發揮作用時，開放的要求就會咬住你不放。根本明智如影隨形，老是跟著你；你躲不開自己的影子，總覺得「老大哥在監視你」。事實上，監視和糾纏我們的不在於外，是我們糾纏自己，是我們的影子在監視我。

我們可以從兩個不同角度來看這件事。我們可以把上師看作鬼，糾纏和嘲笑我們的僞善。在瞭解自己的眞相一事上，可能含有一種窮凶極惡的性質，但同時也總有善友的創造性，此亦成爲我們的一部分。根本明智不斷出現在各種生活狀況中，是如此銳利，無堅不摧，以致到了某一階段，即使你想擺脫，也擺脫不掉。有時，它表情嚴肅；有時，它笑容可掬。密教有一傳統說法，那就是你看不見上師的臉，但隨時都可看到他面部的表情。不管是微笑、咧著嘴笑或滿面怒容、眉頭深鎖，全是每一生活情況的一部分。這根本明智、如來藏或佛性，永遠是每個人人生經驗都有的，無法逃避。法教中還說：「最好不開始；一旦開始，最好完成。」所以除非必要，你最好不入修行之道；一旦踏上了，你就已是眞的做了，不能退出。你已無路可逃了。

問：我偶然在多座修道中心待過之後，覺得像瑪爾巴那樣的人物，對大部分愛好此道的人來說，是一種非常不易處理的現象，因爲他的所爲似乎完全不是一般所謂的成就之道。他不修苦行，也不禁欲，他照顧日常俗事。他是很平常的人，但他顯然又是具有大能力的上師。瑪爾巴是唯一曾充分利用平常人的潛能而無須修苦行、持淨戒的人嗎？

答：當然，瑪爾巴是發揮出潛能的實例，這些潛能是我們都有的。不過，他在印度時確曾接受過極爲嚴格的訓練。他在印度大師的指導下，精進研究，爲修道做好了準備工作。但我認爲，我們必須瞭解「持戒」與「苦行」的眞義。苦行的基本概念，即如法生活，是在基本上明智。因此，如果你覺得過普通生活是明智之舉，則普通生活即是如法；同時，你也可能覺得過經典中所描述的苦行瑜伽士生活，會成爲神智錯亂的表現，這全視個人而定。問題是在你看來何爲明智？何爲眞正踏實、健康、穩當的人生觀？舉例來說，佛陀不是企圖依某種崇高理念而行的宗教狂，他只是單純、坦白和非常明智的與人交往。他的智慧來自超卓的常識，他的法教健全而開放。

問題似乎是人們爲了宗教與世俗之間的衝突而擔憂，他們覺得很難將所謂「高層意識」與現實事務融合在一起。但是高低之分、宗教與世俗之分，似乎跟基本上明智的人生觀並非眞有關係。

瑪爾巴只是個平常人，做著生活中的瑣事，從來沒有想要做個不尋常的人。動怒時，他就打人；他直來直往，從不拐彎抹角，虛僞矯飾。宗教狂就不同了，他們老是想要合乎某一理想的典範，企圖贏得人心，所採取的方法是表現得非常熱烈和激昂，好像他們是純淨、純善。但我認爲，企圖證明自己善良，就表示內心有所恐懼。瑪爾巴無須證明什麼，他只是一個十分明智、實在的老百姓，同時也是一位大覺者。事實上，他是整個噶舉傳承之父，我們目前所學、所修的法教，無不出自於他。

問：禪宗有句話說：「先是見山是山，見水是水；接著是見山不是山，見水不是水；最後卻是見山又是山，見水又是水。」我們現在是否都處於見山不是山、見水不是水的階段？

但您一直在強調平凡。我們不是要先經過「非凡」期，才能眞的平凡嗎？

答：瑪爾巴有過喪子之痛，當時他心中非常苦惱。有個弟子問他：「您常告訴我們一切是虛幻的，那麼您喪子一事又如何呢？難道不是虛幻嗎？」瑪爾巴答道：「是幻，但我兒子的死是超級之幻。」

我們初次嘗到眞正平凡的滋味時，會覺得那是極不尋常的平凡，以致會說見山不是山，見水不是水，因爲我們所見太平凡、太明確、太「如實」了。這種不尋常感，是有了新發現時的體驗。但這種超級平凡，明確如實，終於變成日常司空見慣、生活中無時皆有的眞正平凡，我們便回到了起點：見山是山，見水是水。於是我們可以安心了。

問：您怎樣脫掉您的甲冑？您如何敞開自己？

答：那不是你怎麼做的問題。敞開自己並沒有儀式或公式。第一個障礙就在你所提出的問題本身：「怎樣？」你若不問自己，不監視自己，你就能逕行去做了。我們從不考慮怎樣嘔吐，我們就吐了；我們沒有時間去想要如何嘔吐，嘔吐便逕自發生了。我們若是非常緊張，便會遭受極大痛苦，反而吐不出來；我們會試圖把要吐出的嘸回去，力圖跟疾病拚鬥。我們必須學習在有病時放鬆身心。

問：當生活情況開始成爲您的上師時，情況是怎樣的，有關係嗎？你的處境如何，有關係嗎？

答：你沒有選擇的餘地。不管發生什麼事，都是上師的示現。情況可能是痛苦的或令人鼓舞的，但在這種視情況爲上師的開放境界裡，苦樂如一，全無分別。

灌頂

我的學生大多是因爲聽說我是禪師和西藏喇嘛，才來跟我學習的。但若我們是在路上或餐館初次邂逅，還會有多少人來呢？很少人會因這種偶遇而生起學佛修禪之心。引人學佛的似乎是我的身分——從異國來的西藏禪修老師，第十一世創巴活佛。

人們就是這樣才來求我灌頂，以便加入佛教和修道者的團體。然而，灌頂的意義究竟爲何？佛法悠久偉大傳承的智慧，是由歷來的禪修者代代相傳的，並與灌頂有關，這又是怎麼回事？

就這點冷嘲熱諷一番，似乎是值得的。人們想接受灌頂：他們想加入這個俱樂部，得到頭銜，獲得智慧。我個人並不想玩弄人們希求非凡之物的弱點。有些人買畢卡索的畫，只因爲畢卡索之名，他們願意付出高價，卻對所買的作品是否是好藝術連想都不想；他們買的是畫作的憑證或畫家的名氣，以名氣和傳聞作爲藝術品質的保證。這種做法，可說是全無深刻智性的思考。

有人可能覺得內心匱乏或自己無用，而去參加俱樂部或有錢的組織，以便得吃得喝。他如願以償地被養肥了，但那又怎樣？誰在騙誰？是上師在自欺、擴充自我嗎？「我有這麼多受過灌頂的信徒。」還是上師在欺騙弟子，誤導他們自信於比以前更具有智慧、更有道心，只因他們加入了他的組織，有了僧侶、瑜伽士或別的頭銜？這些名稱和證件眞的對我們有益嗎？它們當眞有益嗎？我們要面對事實：半小時的儀式，並不能提高我們的覺悟層次。我本人對佛教傳承和法教之力極爲信仰，但並不是不加深思就照單全收。

我們對修道一事必須愼思明辨。我們如果去聽一位上師說法，不該讓自己被他的名氣和個人魅力給迷住，而應善自體會他所說的每一句話，以及他所教授的每一種禪修方法。我們必須明確而理智的跟法教和法師打交道。此智性與情緒化或美化老師無關；不是傻呵呵地接受堂皇的證書，也不是爲了自利而加入一個俱樂部。

這不是去找一位聰明的上師，以便買他的智慧或偷他的智慧。眞正的灌頂，包含了誠實率直的跟善友和自己相處。因此，我們必須力求坦白，發露自欺，將自我眞實和粗糙的品質毫無保留的全遞交出去。

灌頂的眞義

「灌頂」的梵文是abhisheka，意謂撒灑、灌注、塗油。要灌，就要有可灌的容器。如果我們眞心投入，對善友完全敞開自己，讓自己成爲堪受溝通的容器，那麼善友也會敞開，灌頂於是發生。此即灌頂或師徒間「心心相印」的意義。

這種敞開，不含逢迎，沒有取悅或打動善友的企圖。就像醫生知道你生病，必要時他會強行把你從家中送到醫院，未施以麻醉就動手術。你可能覺得這種處治太猛烈、太痛苦了，但也因而開始領悟到眞正的溝通——如實與人生接觸，需付出多大的代價。

依止某位上師，爲宗教出錢出力，都未必代表我們已眞正完全敞開自己了，此類行爲更有可能只是想證明我們已加入「對」的一邊。上師似乎是個有智慧的人，曉得自己在做什麼，我們想站在他那一邊——安全的一邊、善良的一邊，以便獲得福祉與成就。然而，我們一旦屬於他那一邊——清醒的一邊、穩定的一邊、智慧的一邊，便會發現，我們根本未能確保自身，因爲我們所投入的只是我們的外相、我們的表面、我們的甲冑；我們並未全身投入。

接著，我們被迫從後面敞開自己。我們大吃一驚地發現，原來我們無處可逃。我們躲在門背後的行爲被逮個正著，以致全身暴露；我們身上的塡料和甲冑被剝個精光，再也無處可躲。太可怕了！我們那點瑣碎的虛僞和自私，全被揭露無遺。到了這個地步，我們可能會領悟到自己笨手笨腳的裝模作樣，一直是在白費心機。

然而，我們並不死心，還想爲此痛苦的處境找藉口，還想找出保護自己的辦法，找出令「我」滿意的解釋來說明此一困境。我們左看這個問題，右看這個問題，心中忙成一團。「我」很專業，「我」行「我」素，效率高得不得了。當我們自以爲朝著空去自我的方向而努力前進時，卻發現自己在往後退，意圖確保自身和塡滿自我。這種混亂的狀況繼續加強，直到我們終於發現自己完全迷失了，失去了立場，沒有起點、中途和終點，因爲我們的心已完全被自衛的措施所盤據。因此，除了投降、歸服之外，似乎別無他途。我們機智的想法和做法都對我們無益，因爲我們的想法多得令我們吃不消；我們不知如何抉擇，不知哪種想法能提供我們最佳的自修之道。我們滿腦子都是非凡、聰明、合乎邏輯、合乎科學的、巧妙的計策，但總是主意太多，反而無所適從。

如此一來，我們終於會眞正放下一切複雜混亂，騰出一點空間，就此歇手甘休。這是灌頂：撒灑和灌注，眞正發生的時刻，因爲我們已經敞開，眞正放下了一切，不再想有所作爲，不再跟繁忙雜亂打交道。最後我們不得不停止了，這對我們來說甚爲稀有。

什麼是修行？

我們從所知、所讀、所受、所夢的，設計出多種不同的防禦措施，但到最後，我們對究竟何爲精神性的修行起了疑問。那只是要篤信宗教、虔誠、善良嗎？還是想要比別人知道更多，想要更加瞭解人生意義？修道的眞義是什麼？我們家人常去的教堂及其所宣揚的教義，對此都有現成的理論，但這些理論都太無效、不實用，不足以作爲我們所要尋求的答案，於是我們便與生來就信從的教義和教條疏離了。

我們或許認爲道心應是非常令人興奮且多采多姿的，那是依照外國奇異與不同的宗教傳統去探究自己。我們採取了另一種精神修行，遵循某種行爲方式，企圖改變自己的聲調、飲食習慣和一般的舉止。但過一陣子，這種自覺的修道企圖會讓你覺得太笨拙、太明顯、太平庸。我們想讓這些行爲模式成爲習慣或第二本性，但它們卻總是無法完全成爲我們的一部分。我們雖極力想讓這些「覺悟的」行爲模式與我們自然合一，可是心裡依舊忸怩不安。我們開始懷疑：「如果我已按照某一傳統的經典行事，怎會這樣？這一定是因爲自己沒弄清楚。當然是如此。但下一步我該怎麼辦？」儘管我們信守經典之教，迷惑依然持續，不安與不滿還是存在。一切全都失靈了，我們沒跟法教搭上線。

此時，我們實在需要「心心相印」。若無灌頂，我們求道的努力成果將是收集一大堆與修道有關的東西，而非眞正歸服。我們收集了不同的行爲模式、不同的言談、衣著、思想方式，以及完全不同的做法，這一切只不過是我們收集來企圖強加在自己身上的東西罷了。

何謂真正的灌頂？

眞正的灌頂，出自於歸服。我們如實地對現狀敞開自己，然後與上師眞正溝通。不管怎樣，上師都會跟我們坦誠相處；只要我們敞開自己，願意放下所收集的一切，灌頂就發生了。不必有「神聖的」儀式。其實，視灌頂爲「神聖」，很可能是佛教徒所謂「魔羅的女兒」。「魔」象徵心之神經質的、不穩定的傾向、不平衡的存在狀況，「魔」遣其女兒來誘惑我們。當諸魔女干預心心相印的灌頂時，她們會說：「你覺得平靜嗎？那是因爲你在接受修道的法教；在你身上發生的事與精神修道有關，這是神聖的。」她們聲音甜美、所言中聽，並且誘惑我們以爲這種溝通、這種「心心相印」，是件「大事」，於是我們開始產生更久遠的輪迴心態。這與基督教對亞當吃蘋果一事的看法類似，都是誘惑造成的。我們一將灌頂視爲神聖，便開始喪失了原有的精確與敏銳，因爲我們已經心生計較了。我們聽到魔女在向我們慶賀，說我們已經辦到了如此神聖之事。她們在我們四周跳舞、奏樂，假裝在這個儀式隆重的場合榮耀我們。

實際上，心心相印的發生十分自然。師徒在開放的情況下相會，雙方都明白開放是世間最微不足道的事，是完全地無足輕重、眞實地平常、絕對地無關緊要。當我們能如此看自己和世間時，傳法就直接開始。西藏傳統上稱這種看待事物的方法爲「平常心」（英文：ordinary mind，藏文：thamal-gyi-shépa）。平常心最微不足道，完全開放，且不作任何收集或評估。我們可以說這種微不足道意味深長，也可以說這種平常實在不凡。但這種說法也只是魔羅女兒的另一種誘惑。歸根結柢，我們必須放棄想要非凡的企圖。

問：我似乎無法不想保全自己。我該怎麼辦？

答：你太想保全自己，以致試圖不保全自己的想法便成了一種遊戲、一個大笑話，以及另一種保全自己的方式。你太用心監視自己、和監視在監視的自己，以及監視在監視自己監視的自己當中，如此下去，沒完沒了。這是很普遍的現象。

你眞正需要的是完全不再關心，把關心之事全然放下。那重疊的繁複糾雜性，建造了一具極好的測謊器，又造了一具偵測測謊器的偵測器，這種疊床架屋的複雜結構必須予以清除。你力求保全自己，而一旦獲得安全，你又想確保已經得到的安全。這樣的防禦工事可以擴充爲一個無限的帝國。你也許只有一座城堡，但你的防禦工事可能遍及全球。如果你眞想使自己絕對安全，所能作的努力實在是無有止境的。

因此，我們必須放棄保全自己的想法，看出力求自保的反諷可笑，看出繁複的自保結構有多麼荒唐。你必須不再做監視那監視者的監視者。要能做到這一點，你必須放棄第一個監視者，也就是放棄自保的企圖。

問：我不知道該提出何種國民性來討論，但是假如我們是印度人，您就不會這麼想了，是嗎？我的意思是說，由於我們是美國人，太愛「做些什麼事」，所以您才對我們這麼講。倘若我們不愛做事，整天遊手好閒，您就不會對我們這麼講了。

答：這個問題很有趣。我想說法的方式需依聽眾在物質方面發展的快慢而定。美國現在已達到極高的唯物主義層次。不過，具有這種發展物質文明潛力的，不只是美國人，而是全世界的人。如果印度的經濟發展臻至美國已達到的階段，如果印度人也像美國人一樣嚐到唯物的滋味而感到幻滅，他們就會來聽這樣的演講了。但目前我不認爲除了西方國家，還有哪個地區會有人來聽這種演講，因爲其他地區的人們對物質文明的發展速度還不覺得厭倦；他們還在存錢買腳踏車，尚未到能買汽車的地步。

自欺

自欺是我們在修道過程中經常存在的問題。「我」老是力求成道，這有點像是想親眼目睹自己的葬禮。例如，起初我們可能滿懷希望去親近善友，希望從他們那裡獲得某種了不起的東西，這種親近善友名爲「獵取上師」。傳統上將此比作獵麝香鹿：獵人偷偷靠近，殺了牠，取走麝香。我們可能會用這種方式親近上師或修道，但這麼一來即成自欺，跟眞正做開或歸服毫不相干。

或許我們心中會誤以爲灌頂是移植，是把上師心中的精神力量移植到我們心中。此種心態視法教爲我們的身外之物。這好似心臟移植，或是換個腦袋，把身外的物體植入我們的體內。我們會對有關移植的種種可能加以評估。我們舊有的腦袋大概不合適，或許該丟進垃圾堆，我們應該有個比較好、更聰明、很有頭腦的新腦袋。我們過於關注自己從可能作的移植中得到什麼，以致把將會主持這項手術的醫生給忘了。我們可曾暫停這種關心，抽點時間去跟醫生打打交道？他能勝任嗎？我們選定的腦袋合適嗎？我們的醫生對此選擇有何意見？或許我們的身體會排斥那個腦袋。我們滿腦子都在盤算自己將會得到什麼，以致忽略了現實，忽略了與醫生的關係，忽略了我們的疾病，忽略了這顆新腦袋究竟如何。

與善友以真面目往來

這種對灌頂一事的態度非常浪漫，但毫無實據。所以，我們需要一位親身關心我們實相的人，我們需要一位能充當鏡子的人。無論何時，我們一陷入自欺，就必須加以揭發、公開，任何貪得的心態都必須曝光。

眞正的灌頂始於「心心相印」，也就是你和善友彼此以眞面目直來直往。這是眞正有可能發生灌頂的情況，因爲以接受手術來根本改變自己，是完全不切實際的想法。沒有人能絕對改變你的個性，沒有人能令你脫胎換骨。你必須用現成的材料，如實地接受自己，而不是接受理想中的自己；也就是說，你必須放棄自欺和一廂情願的想法。你必須認清並接受自己的整體和個性，這樣你才有可能得到一些啓發。

到了這個階段，你若表示願意跟醫生合作，入院接受治療，醫生那一方面便會爲你準備一間病房和其他所需，你們雙方將會共同創造一個敞開溝通的情境，此即「心心相印」的基本意義。這是眞正將加持或灌頂、上師的精神實質和你自己的精神實質合而爲一的方法：外在的上師敞開自己，而你也敞開內心，處於「覺醒」的狀態，於是兩個相同的素質會合了。

灌頂的眞義便在此。灌頂不是加入俱樂部，不是成爲團體中的一員，或一隻屁股上烙有主人標記的羊。

現在我們可以看看灌頂後的情形。經過了「心心相印」，我們便與善友有了眞正的溝通；我們不僅敞開自己，同時還靈光一閃，頓悟了部分法教。上師創造出這種情況，我們體驗到這種靈光，一切似乎萬事如意。

起初我們非常興奮，一切無不美好。我們可能一連幾天「飄飄欲仙」，興奮不已，好像我們已經成佛了；我們一點也不爲俗事煩心，一切都很順暢，禪定時時現前——這是我們對上師坦誠敞開那一刻所留下來的持續感受，十分平常。至此，許多人會覺得無須再與善友共事，而可能離去。我聽說東方這種情形很多：某些弟子會晤上師，一得頓悟，即行離去。他們想要保持當時的覺受，但時過境遷，日後所剩下的卻只是他們一再重複的記憶、言語和觀念。

得此覺受後，你第一個反應很可能是把它寫在日記裡，用文字說明所發生的一切；你會想藉著寫文章、寫回憶錄、與人研討、或跟親眼看到你得此覺受的人談論，讓自己安住於此覺受之中。

或許有人曾去東方，在得到此覺受後返回西方。他的朋友可能發現他有了極大的轉變。他也許看起來比以前沉著、寧靜、聰明。許多人會在私人問題上向他求助、求教，希望知道他對他們的修道經驗有何看法。開始時，他會認眞地幫助他們，拿自己在東方的經驗來印證他們所遭遇的問題，告訴他們那些他所親身經歷的美麗、眞實的故事。這很能令他覺得鼓舞。

但在某個階段，這種情況容易出毛病。記憶中的那種靈光一閃，失去了原有的明亮強度。靈光不能持久，是因爲他將其視爲身外之物。他覺得自己有過頓悟的經驗，而此經驗超凡入聖，屬於精神性的修道體驗。他把這種經驗看得很了不起，逢人便講，講給本國的凡夫俗子，講給怨敵、朋友、父母、親戚，講給所有那些他覺得自己已凌駕其上的人，無論怨親。然而，如今他已失去那種經驗，有的僅是記憶。但是話已出口，不能收回，他不能明言過去所說的是虛假。他絕不肯那麼做，因爲認錯太沒面子了，何況他對那種經驗仍有信心，依然相信自己確曾有過深刻的體驗。不幸的是，由於他曾利用和評估那種經驗，以致那種經驗現已不再爲他所有。

放下過去的寶貴經驗

一般而言，情形是我們一旦眞正敞開或「閃光」，緊接著就是曉得自己敞開了，而頓起評估之念。「哇！太好了，一定要抓住，保存起來，這可是甚爲稀有的寶貴經驗。」我們如此想要抓住那種經驗，而問題就出在這兒，出在把眞正敞開的經驗看作寶貴的東西。我們一想抓住那種經驗，整套的連鎖反應就開始了。

我們若視某一事物爲寶貴、非凡，它就變得跟我們是兩回事了。例如，我們平常沒把自己的眼睛、身體、雙手、頭腦等看得多麼寶貴，因爲我們知道這是自己的一部分。當然，一旦失去其中任何一個，我們自然的反應將會是深感損失重大——「我失去了理智，我失去了手臂，無可取代！」那時我們始知其可貴。若是始終擁有，則習以爲常，不以爲貴，僅知自己有這些東西而已。有所失，才有機會領略所失之物的價值。因怕分離，所以想評估，殊不知造成分離的就是評估。我們把任何突如其來的靈感都看得非常重要，因爲我們怕失去，這便是自欺涉入之時。有了自欺，就表示我們對敞開的經驗及其與我們的關係失去了信心。

不知怎地，我們失去了敞開與我們本然狀態的一體性，敞開變成了身外之物，於是我們開始要把戲。很顯然的，我們不能自己承認已失去敞開，不能說：「我過去有，現在沒了。」這種話我們說不出口，因為一旦說出來，我們就破壞了成就者的身分。所以，自欺的一部分是舊事重提。我們寧願講過去的故事，而不願當下再去體驗，因為故事生動有趣：「從前我依止上師時，發生過如此這般的事；上師說過如此這般的話，而如此這般的使我敞開自己……等等。」這種自欺，意謂老是把過去的經驗重新提出來，卻不去體會現有的經驗。要想現在真正有所體驗，你必須放棄評估靈光一閃有多美妙，因為那回憶正會使其遠離。如果我們一直能感受那種經驗，便會覺得它很平凡，而平凡卻是我們不能接受的。「我若能再有一次敞開自己的美妙經驗，該有多好！」我們如此忙於追憶，而不真正持有，這便是自欺的遊戲。

自欺需有評估的觀念和持久的記憶。回想過去，使我們生起懷舊之情，從記憶中得到樂趣，卻不知自己如今身在何處。我們回憶「過去的美好時光」「過去的好日子」，卻根本不讓內心的沮喪浮現出來，我們不肯懷疑自己跟什麼失去了接觸。每當沮喪可能出現、有所失的感覺即將生起時，「我」的自衛本性立即讓我們想起過去的事和所聽到的話，使我們獲得安慰。「我」就是這樣不斷尋找那不基於當下此刻的靈感，永遠都在追溯從前。這是更加複雜的自欺行為，因為你根本不讓沮喪出現。「既然已獲得這麼大的加持，有幸得到這些了不起的修道經驗，我怎能說自己內心沮喪？那是不可能的事，我沒有沮喪的餘地。」

「美夢成真」即陷入自欺

有一個關於西藏大師瑪爾巴的故事。瑪爾巴初遇上師那諾巴時，那諾巴創化出一座壇城，並說它即是某位忿怒尊的智慧化現。壇城與那諾巴都具有極大的精神力量。那諾巴問瑪爾巴要先向何者頂禮，以求頓悟成覺。瑪爾巴是位學者，他想：上師是血肉之軀，一如常人，而上師所造的壇城是清淨智身，沒有人的缺陷，因此，瑪爾巴應先向壇城頂禮。於是那諾巴說：「你的靈啓恐將逐漸衰退。你作了錯誤的選擇。壇城是我造的，沒有我，就沒有這座壇城。這跟智慧身或人身的高下毫不相干。這座壇城的莊嚴展示皆出自於我。」

這個故事表明夢想、願望等的根源都是自欺。只要你把自己或自己的任何經驗看作「美夢成眞」，你就陷入了自欺。自欺似乎總是依賴夢想的境界，因為你想看的是尚未見過的東西，而不是目前所見的東西。你不肯接受現實，也不願安於現狀，因此自欺所表現出來的，總是企圖創造或改造一個夢幻世界，或懷念過去的夢幻經驗。自欺的反面，就是如實地面對人生。

尋求任何一種福佑或喜悅，試著要實現一己的想像和幻夢，都必將遭受對等的失敗和沮喪。問題全出在這兒：害怕分離、希望能合而爲一，這不僅是「我」或自欺的表現或行爲，而是好像把「我」當成能有作爲的實存者了。其實，「我」就是那些行爲、那些心思。「我」恐懼失去敞開的境界，或失去無我的境界，此即我們這裡所說的自欺：「我」高聲喊著已失去其無我境界、其成道的夢想。恐懼、希望、患得患失等，都在「我」所做的美夢中進行，此夢的結構即是延續自我、保全自我，亦即自欺。

因此，眞正的經驗，超越了夢幻世界，是日常生活當下此刻的美麗、色彩、興奮的眞正經驗。當我們如實地面對事物的本然現狀時，就不再期求更好。那時不會有魔術。我們的沮喪不會說沒有就沒有；我們所感受到的沮喪、無明、情緒等煩惱皆是眞實的，內含極大的眞理。我們若眞想學得和看到眞理的體驗，就必須當下安住。問題全在你肯不肯做一粒落實之沙。

問：可否請您多談一談這種絕望之力的結構？我能瞭解爲何會有絕望之感，但爲何又有極樂？

答：起初是有可能強迫自己去體驗極樂的。那是一種自我催眠，因爲我們不肯看自己本來面目的眞實背景，而只專注於當前的極樂感受。我們不顧自己實際的處境，而強令自己生起極樂之感。問題是，這種感受純粹建立在監視自己之上，而監視自己完全是二元對立的做法。我們憑藉努力，的確可以獲得想要有的感受。不過，一旦我們從「高度興奮」冷靜下來，一旦我們了知自己仍在原地，像站立於波濤起伏的大海當中的一塊黑岩，我們就開始沮喪了。我們想要醉得忘我，而與全宇宙合一，但總是辦不到。我們人還在這兒，這個事實永遠是第一件把我們拉下來的事。接著，想要進一步滿足自我等所有其他的自欺遊戲登場了，起因皆在我們企圖完全地保護自己。「監視者」的原理就是這樣。

問：您說人有了感受，便會執著，並加以分類，說：「那太好了。」這似乎是一種自動的反應。您能否談一談那些讓人開始不要這麼做的辦法？在我看來，你越想停止評估，就越會評估。

答：你一旦瞭解自己在這麼做、並且從沒得到任何好處時，我想你就開始自求出離了。你開始看出整個過程是一個沒有實益的大遊戲的一部分，因爲你一直在建立、卻沒能瞭解任何事物。出離之道不含魔術或花招，唯一要做的是忍痛摘下假面具，露出眞面目。或許在你醒悟得道的企圖必然落空之前，你須經過一再建立的階段。你可能滿腦子都是奮鬥之念。其實，你可能連自己是來是去都弄不清楚，已經到了心力交瘁的地步，那時你會得到一個非常有用的教訓：放下一切，不成爲什麼。你甚至會有渴望不成爲什麼之感。解決之道似乎有二：不是乾脆摘下假面具，就是先不斷建立、不斷努力到達某一高點，然後再放下一切。

問：「我辦到了」又怎樣？修行不會就此全部告吹吧，會嗎？

答：不一定會。但是下一步要做什麼？你想一再重提過去的經驗，而不如實地面對現狀嗎？初次敞開的那一刻，你會感到極大的喜悅，美妙極了；但緊接而來的就很重要：你是力求去抓住和重溫那次經驗，還是讓它自在，讓那次經驗就只是一次經驗，而不試圖重溫舊夢。

問：你有雄心大志，老是想建立什麼，結果越想越糟，於是你想一走了之，把它忘掉，試著用各種方法脫身。這是怎麼回事？我們怎能超越這個事實：你越想成覺，越想多瞭解覺，情況就越糟，概念就越多？你怎麼辦？

答：很顯然地，你必須完全放棄尋求，不要再力圖有所發現，不要再試圖證明自己有何成就。

問：可是有時你會有積極的逃避感，那跟什麼都不做並不相同。

答：你一逃，就會發現不僅有人在後面追你，而且有人迎面而來，結果是無處可逃。你被團團圍住，那時唯一的路正是不折不扣的投降。

問：那是什麼意思？

答：那就是說你必須面對現實，當下體驗，不要再想往哪兒去；既不要再想離開什麼，也不要再想奔向什麼，因爲兩者相同，是同一回事。

問：自省或自觀是否有違順服與處在當下？

答：自省眞是一個十分危險的方法。它可能像餓貓捕鼠時那樣地監視自己，也可能是表示安分的一種理性做法。問題全在你若懷有任何「彼」「此」關係的念頭，例如我在體驗這、我在做這，「我」和「這」就有了同樣頑強的個性，而免不了會起衝突，頗像是說「這」是母親，而「我」是父親；既有一父一母兩極的涉入，你就非生出某物不可。因此，重點全在讓「這」不在那兒，「我」就不會在那兒；不然就是「我」不在那兒，因此「這」不在那兒。不是說你要如此告訴自己，而是說你要如此去體會，如此去實際體驗。你必須除去監視者或觀察兩極者。一旦監視者沒了，整個二元結構就垮了——二元對立僅存於有觀察者在維繫全局之時。你必須除去監視者，以及除去監視者爲了確保中央總部無所不知而設立的極其複雜的官僚制度。我們一旦除去監視者，便騰出了很大的空間，因爲監視者及其官僚制度很占地方。「自」「他」所形成的濾網一除，空間就變得清晰、精確和明智。空間含有極精確地配合運作其中狀況的能力。我們根本不需要「監視者」或「觀察者」。

問：監視者之所以存在，是否因爲你想要過看似層次較高的生活？而你一旦放棄這種想法，或許你就會安住當下。

答：沒錯，就是這樣。監視者沒了，高低的觀念就用不上了，你也不再想要努力奮鬥，不再想要爬得更高，於是你當下如實存在。

問：可以強行除去監視者嗎？那不又成了評估的遊戲嗎？

答：你不必把監視者看成惡棍。一旦你發覺禪修的目的並不是要提升自己，而是要當下如實存在，那麼監視者便不能有效地行使其職權，而自動引退。監視者的本性是力圖極端有效率和有作爲。但完全的覺性是你早就有的，所以成覺的雄心大志和所謂「有效的」努力都會弄巧成拙，注定會失敗。監視者一看沒他的事，就離開了。

問：沒有監視者，還能有覺知嗎？

答：有，因爲所謂監視者只是偏執狂。你可以有徹底的敞開、全面的敞開，而無須分別「自」「他」。

問：那種覺知中有極樂之感嗎？

答：我想沒有，因爲極樂全屬個人的經驗。你是個別的，而你感受到你的極樂。監視者一去，苦樂感受的評估也隨之而去。當你有全面的覺知而無監視者的評價時，有無極樂便毫不相干，因爲已經沒有在感受極樂的人了。

難行之道

既然沒有人能拯救我們，也就是沒有人能奇蹟似地令我們開悟，我們現在所談之道，即名爲「難行之道」。此道並不合乎我們的期望；我們所期望的是：佛教是溫柔、和平、愉快、充滿慈悲的過程。但其實，此道艱難，是心與心的交會：你若敞開自心，願意相晤，上師也會敞開其心。這裡面沒有奇蹟可言，敞開是雙方共同創造的情況。

通常一談到解脫或悟道，我們就以爲這些成就無須自己動手，別人會來幫忙我們。「你沒問題，不用擔心，不要哭，你將安然無事，我會照顧你。」我們總以爲自己所要做的只是宣誓入會、繳會費、簽名登記、遵命行事而已。「我深信你的組織是有效的，能解決我所有的問題，你怎麼安排都可以；如果你想讓我吃苦受罪，請便。我什麼都聽你的。」這種除了遵照命令而別無他事的安適心態，是什麼都交給別人去辦，讓別人來教導和改正你的缺點。然而我們卻大吃一驚的發現，實際情況並非如此，認爲自己什麼都不用做的想法，完全只是在打如意算盤。

透過修道的種種困難，正確地深入人生實況，需要下極大的努力。因此，難行之道的重點似乎是修學者個人必須勉爲其難，認知自己，摘下自己的假面具。你必須願意自立自強，而難就難在這兒。

真摯無偽的難行之道

這並非說，難行之道是要我們非得做英雄不可。英雄的氣概建立在假定上；假定我們是不好的、不純淨的、沒有價值、不具備悟道的可能，以致我們必須洗心革面，重新做人。例如，我們若是中等階級的美國人，就必須放下工作、從大學中退學、搬出郊區的家、留長頭髮，或許還嘗試吸食毒品；我們若是嬉皮，就必須放棄吸毒，剪短頭髮，丟掉破爛的牛仔褲。我們以爲能不受誘惑就是與眾不同，就是英雄作風。我們成了素食者，成了這個那個；我們想成爲的，太多了。我們以爲自己是在修道，因爲我們現在所做的與過去完全不同，但這全然是冒牌英雄的行徑，而此冒牌英雄非「自我」莫屬。

我們可以把這種虛妄的英雄行爲發揮至極，而去修極端的苦行。即使我們所信的教要我們每天倒立二十四小時，我們也會照辦。我們淨化自己、修行苦行，自覺已毫無污點，從此改過自新，很有道德。或許當時看來這沒什麼不對。

我們可能試圖模仿某些修行之道，如美國印地安人的宗教之道、印度教之道、或日本佛教的禪道。我們會從頭到腳換裝，學他們的打扮。或許我們決定去印度北部跟西藏人打成一片。我們可能穿上西藏的服飾，遵守西藏的習俗。這些只是像「難行之道」罷了，因爲在此道上總是有障礙和誘惑令我們分心，讓我們難以達到目標。

我們坐在印度教的靜修所，有六、七個月沒吃巧克力了，以致心裡想著巧克力或其他愛吃的東西。我們也許懷念以前過耶誕節或新年時的情景，但仍舊認爲自己已找到戒律之道。我們已奮力通過此道上的種種困難，如今已能勝任愉快，成了某種修行的大師了。我們期望修行產生的神奇力量和智慧，能令我們進入正確的心境。有時我們認爲自己已達成目標，也許一連六、七個月都飄飄欲仙、或處於專注一境的狀態下；但後來，這種心醉神迷的狀態不見了，漸漸變得忽來忽去，時有時無。面對這種情形，我們該怎麼辦？我們可能有很長一段時間都覺得飄飄欲仙或充滿喜悅，但最後還是要降下來、恢復常態。

我不是說外國傳統或持戒的傳統不適用於修道，而是說，我們以爲有某種藥品或魔水能令我們得到正確心境，這似乎把問題本末倒置了；我們希望能從操縱物質或實體界當中獲得智慧和體悟，甚至期望科學大師們能替我們做到。他們可以把我們送進醫院，施以適當的藥劑把我們的意識提升到崇高的境界。不幸的，我認爲這是無法如願的事，我們無法擺脫自己的眞面目，我們永遠帶著它走。

決定放棄多少？

我們回過頭來要說的是，若想完全敞開自己，就需有某種眞正的佈施或奉獻。這種佈施不拘形式，但若要使我們的佈施眞正具有意義，就必須不期望任何回報。我們擁有多少頭銜、穿破多少異國的服裝、懂得多少哲理、發過多少誓願、參加過多少神聖的儀式，這些都無關緊要；重要的是，我們必須佈施而不望回報。這是眞正的難行之道。

我們也許暢遊了日本，也許喜歡日本文化，喜歡日本莊嚴的禪寺和華麗的藝術品，這些經驗不僅讓我們覺得美妙，同時也傳遞給我們一些訊息。日本的文化是源自於日本整個生活方式，而日本的生活方式又與西方的生活方式迴異，因此日本文化對我們而言大有意味。但文化的精緻和形象的優美，究竟能對我們起多大的震撼，與我們有多大的關聯？我們不知道。我們只是想回味美麗的記憶，卻不願對自己的經驗過於深究，因爲那是敏感地帶。

或許某位上師在一個非常動人、極有意味的儀式上爲我們灌頂。儀式眞實、直接而莊嚴，但我們肯對此經驗提出多少疑問？那是私事，太敏感而不能問。我們寧願把那次美妙的經驗儲存起來，以便日後境遇不順、心情沮喪時拿來回憶，安慰自己，告訴自己眞的做過有價値的事，眞的入道了。這看起來一點也不像是難行之道。

恰恰相反地，我們一直都像是在收集積聚，而不是在施捨。我們若仔細回想自己如逛街購物般的求道過程，能記起自己曾經做過哪些完全又正確的佈施、曾經敞開自己並施捨一切嗎？我們是否摘下面具，脫掉甲冑、衣衫，剝下皮肉、血管，直至內心？我們眞的有過剝光、敞開、佈施的經驗嗎？這是根本問題。我們必須眞正歸服、有所施捨，即使非常痛苦也要勉爲其難。我們必須動手拆除由自己一手造成的「我」之基本結構。拆除、鬆脫、敞開、放下的過程，是眞正的學習過程。這種腳趾甲嵌入肉中的情況，我們已決定放棄多少？很可能我們根本沒想放棄任何東西，而只是一直收集、建造，一層一層往上蓋。因此，展望難行之道總是很令人懼怕。

對上師發露開顯

問題在於我們想找一個輕鬆無苦的答案，但這種解答不適用於靈修之道，而修道一途是我們之中很多人根本就不該走的。一旦踏上去之後是很苦的，而且下不來。我們自願受暴露自己之苦，受脫掉衣服之苦，受剝去皮膚、神經、心、腦之苦，直到完全暴露在宇宙之前，什麼都不剩。這會很可怕、很折磨，但修道就是如此。

不知怎麼回事，我們發現身旁有位陌生的醫師要為我們開刀，卻不麻醉，因為他想真正地跟我們的疾病溝通。他不准我們擺出修道的門面、玩弄心理的詭辯、偽裝心理上有病、或戴著其他的假面具。我們但願從未遇到這位醫師，我們但願能自行麻醉；可是我們已被套牢，跑不掉了。這不是因為他的力量大，我們本可跟他說聲再見就走；然而，我們已經向這位醫師暴露了那麼多，如果換個醫師從頭再來，將會非常痛苦，我們不願多受一次罪，所以只好硬撐到底。

跟這位醫師在一起，我們覺得很不舒服，因為我們老是想要騙他，儘管我們知道他能看穿我們的把戲。不施以麻醉的手術是他跟我們溝通的唯一之道，所以我們非接受不可，我們必須對難行之道或這種手術敞開自己。我們越問「你要對我怎樣」這類問題，就越侷促不安，因為我們曉得自己是怎麼回事。難行之道是一條極其狹窄而又無法脫離的苦路，我們必須完全放下自己去跟這位醫師溝通。此外，我們還必須放下對上師的奢望，不再眼巴巴地盼望上師表現出奇蹟，以某種非凡無苦的方式為我們灌頂。我們必須不再尋求無痛的手術，不再希望他用麻醉劑或鎮定劑讓我們醒過來時只見一切完美。我們必須願意以完全敞開、直接、沒有任何隱藏死角的方式，與我們的善友及生活溝通。難行之道就是這麼艱苦。

問：發露自己是自然發生，還是有什麼方法使其發生或令自己敞開？

答：我想，你若已經投入暴露自己之道，那麼你越無爲，敞開之道就越明顯。我認爲敞開是自動的，並不要你非做什麼不可。在開始談歸服時，我說過，一旦你已向善友完全暴露自己，你就什麼都不用做了。這是只管如實地接受現狀，而現狀則是我們怎樣都要接受的。我們常常發現自己處於赤身裸體而希望有衣服遮醜的情況，這種窘境是我們在生活中總會有的遭遇。

問：我們必須先有個善友，然後才能暴露自己，還是只對生活情況暴露自己就行？

答：我想，你需要一位看著你做的人，因爲那樣你會覺得更爲眞實。在沒人的房間脫衣服很容易，但在人多的房間就難爲情了。

問：這麼說來，我們其實是把自己暴露給自己？

答：對，但我們不這麼看。我們強烈感覺到有觀眾在身旁，因爲我們的自覺意識太重了。

問：我不懂爲什麼苦行或持戒不是「眞正的」難行之道。

答：你能欺騙自己，自以爲是在修難行之道，但其實不是。這就像是在一齣英雄劇裡，「易行之道」多與英勇表現有關，而難行之道則多屬個人的體驗。做過英雄之後，你還有難行之道要走，這是很令人震驚的發現。

問：是否必須先走英雄路，不屈不撓的走下去，然後才能走上眞正的難行之道？

答：我不認爲如此。這正是我要指出的。如果你走上英雄之路，你的個性便會加上一層層的皮，因爲你有成就感；但後來你卻驚訝地發現，你所需要的是別的，於是你又得把加上的皮一層層剝掉。

問：您說有承受難忍之苦的必要。理解摘下假面具的過程，就能無須受苦了嗎？

答：這是個微妙的問題。理解並不表示你眞的做了，而只是懂了。我們能理解受苦刑的人生理起了何種變化，以及他如何感受痛苦，但實際的體驗卻完全是另一回事。光理解痛苦是不夠的，你必須切實體驗。唯有親身體驗，才能接觸問題核心，但你不必製造苦境。有了手持利刃的醫師善友在旁協助，這些情境自會出現。

問：如果你正在歸服自己的過程中，此時你的善友似乎要對你開刀、又同時要去除你的痲醉，那可是極爲恐怖的情景；你的善友好像很生氣、很厭煩，讓你想逃開。您能否說明一下這種情形？

答：重點就在這兒。難行之道是不施痲醉的手術，你必須願意接受才行。你要是跑了，那就像一位盲腸需要開刀卻跑出手術室的病人，他的盲腸可能因此潰裂。

問：但我要說的是你跟善友剛剛初識的階段。你與善友相晤不過五分鐘，突然間，屋頂塌了下來，他卻一走了之，讓你去收拾殘局。或許還丟下幾句話：「我不陪你走這一段路。」五分鐘已過，歸服一切，完全放棄，你自己看著辦。等你完全擺脱的時候，我再跟你談。」我所得到的感受就像這樣。

答：你要知道，這跟你是不是初學者或宿學者無關，問題全在於你跟自己相處多久。你若曾經跟自己相處，必然瞭解自己。這有如一個普通疾病。假設你到各國旅遊，途中病了，決定就醫。這位醫師只能勉強用你說的語言跟你交談，但是他能檢測你的身體，查出你的病況，決定立刻把你送進醫院開刀。這全要視病情的輕重而定，手術的緩急要跟著病情惡化的程度走。你的病也許完全發作了；如果你患了盲腸炎，醫師或許想先跟你交個朋友而遲遲不肯動刀，那麼你的盲腸就有可能潰裂。你不會說這是良好的行醫之道。

問：爲何有人要邁出修道的第一步？是什麼引導他修道的？是意外、命運、業力，還是什麼？

答：你若完全發露自己，就已經是入道了；如果你只暴露一半，那麼就只有部分入道——它會反彈回來，致生障礙。如果你該對醫師說的卻不說，便會恢復得很慢，因爲你沒把自己的整個病歷告訴醫師。你告訴醫師的越多，醫師越能令你快速痊癒。

問：如果眞正的難行之道是暴露自己，那麼我該不該把自己暴露給心目中的惡者，即使明知自己可能會受到傷害？

答：敞開並不是一遇威脅就挺身而出，當個烈士。你不必對疾馳而來的火車敞開自己；那是逞英雄，而不是眞正的難行之道。每當我們面對心目中的「邪惡」時，它就對「我」的自保構成威脅，在此威脅面前，我們忙於自保，根本無暇看清威脅我們的是什麼。要想敞開自己，我們必須突破自我保全之欲。這樣，我們才能看清實況，確切應付。

問：這不是一次就可以完成的吧？是嗎？我的意思是說，你在某種情況下敞開自己，但在另一種情況下卻又突然戴上面具，雖然你眞的不想這麼做。要完完全全地敞開似乎很難。

答：問題就在奮鬥與敞開毫不相干。你一走上修道之路，若你不再掙扎奮鬥，就沒有問題了，也就不再有想不想涉入生活情境的問題。「自我」的猿猴本能便會消失，因爲它是基於二手資料，而不是基於如實的直接體驗。奮鬥是「我」。一旦你不再奮鬥，就無那戰勝奮鬥的人，它自然消失。所以你看，這不是一件要把奮鬥打敗的事。

問：爲了要敞開，你該不該一生氣就發火？

答：我們講的敞開和歸服，以忿怒時爲例，並不是說你要眞的跑出去見人就打。那似乎是在滿足「我」的需要，不是在適當地暴露你的忿怒，而適當地暴露忿怒是如實看清忿怒的存在本質，這一點通用於在各種情況下的暴露自己。問題是要如實看清情況的基本性質，而不是要針對它而有所作爲。當然，你若能毫無成見的對情況完全敞開，便會知道怎麼做是對的，怎麼做是不智的。如果某種做法愚笨不智，你自然不會走那條岔路，而會選擇明智、富有創意之路。你並非眞的去判斷抉擇，但你必會選那條具有創意之路。

問：收集東西以及爲僞裝辯護，是無可避免的階段嗎？

答：我們先是收集東西，然後又跟這些東西變得難分難捨。這就像手術過後在皮膚上留下了縫合傷口的線。我們害怕拆線，因爲我們已對自身中的外來物感到習慣了。

問：您認爲沒有上師，也有可能開始看清實相、看清自己的眞實面目嗎？

答：我認爲根本不可能。你必須有個善友，才能歸順和完全敞開自己。

問：這個善友一定要是活人嗎？

答：對。任何其他你自認爲能與之溝通的「存在物」，都是想像出來的。

問：基督教義本身可作爲善友嗎？

答：我不認爲如此，那是想像的情況，任何教義都是這樣，並不限於基督教義。問題是我們可以自行解說，問題就在這兒：寫成文字的教義總免不了任由「自我」來闡釋。

問：聽您講到敞開和暴露自己，很能令我聯想到某些學派的心理療法。您覺得心理治療有什麼作用呢？

答：大部分的心理療法都有這個問題：雖然你把心理治療的過程看作「治療」，其實你眞正的意思是指這是一件有治療作用的事。換言之，這種治療對你是一種嗜好。而且，你把治療的情形看作完全受制於你的經歷等過去發生的事件；由於過去你跟父母的關係不好，如今你才有了這種不良的性向。一旦你開始討論某人過去的一切，試圖將過去與現在連結在一起，那個人就會產生在劫難逃、無可救藥的感覺，因爲他無法取消過去，他自覺爲過去所困而無路可走。這種治療的方法不僅缺乏智巧，而且很有害，因爲它不讓你涉入此時此地正在發生之事所具有的創造性那一面。相反的，如果心理療法強調生活在當下一刻、致力於眼前的問題，不只是嘴巴說、腦子想，同時還切實去體驗情感的眞實感受，那麼我就認爲這是很平衡完善的療法。不幸的是，有很多心理療法和心理治療師都只顧證明自己和自己的理論是對的，而不管現實是怎麼樣。實際上，他們甚至覺得面對現實是很可怕的事。

對任何理論方面的問題，我們都必須加以簡化，而不要弄得太複雜。當下的一刻，即包含過去的全部和未來的決定。因爲一切全在這兒，所以我們不必到別處去找答案，來證明我們過去是誰、現在是誰或未來可能是誰。我們一想要揭開過去，此刻就立即捲入了野心和奮鬥，而不能如實地接受當下的本然狀況，而這是非常懦弱的做法。此外，我們也不宜把醫師或上師視爲我們的救主，那是很不健康的心態，我們必須在自己身上下功夫。我們毫無選擇的餘地。在某些情境下，善友也許會加重我們的痛苦，而那是醫師與病人關係中的一部分。我的意思是，不要把修道看得豪華舒適和輕鬆愉快，而應只視爲去面對人生的實相。

敞開之道

現在我們應該已經明瞭，要想找到敞開之道，必須先如實地體驗自欺、完全地暴露自己。我們甚至會遲疑不決，不知是否該把這麼一個充滿希望的主題看作是敞開之道，因爲我們對自己的野心十分小心，但小心也是我們已作好準備的一種表徵。其實，此刻的遲疑可能是另一種形式的自欺，亦即以力求慎重、完美爲由而忽略法教。

敞開之道的入門在於體驗暴露自己，這種體驗，我們在講「灌頂」時討論過了，那就是對人生敞開自己，以眞面目做人，把自己的優缺點全都呈現給善友，且自行努力修道。在呈現自己、受過心心相印的灌頂之後，你也許會評估自己的資歷。你有過那麼一次非凡的經驗：你曾能敞開自己，你的善友也敞開了，以致你能同時遇見你自己和善友。那眞令人興奮，美妙極了！

問題在於我們總是想保全自己，一再肯定自己一切沒事。我們不斷地想緊握住一些堅實的東西。兩心交會那種「神奇」境界，在我們看來太不可思議了，以致似乎加強了我們對奇蹟與魔術的期待。

自欺之路——想見奇蹟

因此，自欺之路的下一步便是想見到奇蹟、神通。我們讀過許多瑜伽士、宗教教師、聖人和神的化身等傳記，似乎都談到驚人的神通：不是穿壁而過，就是把世界顚倒過來，諸如此類。你想對自己證明這種神通是存在的，因爲你想確定自己是站在上師這一邊，站在教義這一邊，站在神通這一邊；你想確定自己之所爲是安全而有力的、絕妙的；你想確定自己是在「善男信女」這一邊。你想要成爲那些具有奇才異能的少數人士之一，成爲那些能把世界顚倒過來的人士之一：「我原以爲自己站在地板上，但卻發現自己是站在天花板上！」與善友相晤時那種突然發生的心心相印，的確是眞實無僞的經驗，十分驚人，簡直就是奇蹟。或許我們並不百分之百的確定，但這樣的奇蹟一定意味著我們找到了什麼，表示我們終於發現了眞道。

這種極力想要向自己證明走對了路的做法，顯示我們有著非常內向的心態；我們對自己的處境非常留意，覺得我們是少數，是在做極不尋常之事且與眾不同。而這種想證明自己天下無雙的企圖，其實只是想要給自欺找個理由罷了。「我當然有過殊勝的經驗，我當然見過神通，我當然有甚深內見，因此我要繼續下去。」這是非常自閉、內向的狀態。我們沒時間跟別人、親友或外界往來，我們只關心自己。

終於，這種做法變得乏味了，我們開始明白自己是一直在自我欺騙，因而起步走向眞正的敞開之道。我們開始懷疑自己的信仰全是幻想，懷疑自己在評估過程中曲解了自身的經驗。「沒錯，我是有過刹那的頓悟，但我也因想要佔有、抓住而失去了它。」我們開始發現自欺沒用，發現自欺只是爲了安慰自己、接觸內心、向自己證明些什麼，而不是眞正的敞開。在這個階段，你會開始折磨自己，說：「如果我力求不自欺，那就是另一種自欺；如果我力求避免這種自欺，那也是自欺。我怎能解脫自己呢？如果我力求解脫自己，那同樣也是另一種自欺。」如此，連鎖反應持續下去——這是疊床架屋的偏執狂所引起的連鎖反應。

發現自欺之後，我們遭受極大的偏執和自責之苦，這是有益的。感受到野心的無望、力求敞開的無望、力求振作的無望，是件好事，因爲這種感受可爲另一種向道之心打下基礎。我們要說的就是這一點：我們要到什麼時候才能眞正敞開？我們的心念疊床架屋，是一個向內長的腳趾甲，也就是內向的：如果我這麼做，就會那樣；如果我那麼做，就會這樣。我怎能避免自欺？我認出自欺了，看清自欺了，但又如何能脫離自欺呢？

脫離自欺的過程

我們每個人恐怕都得自行通過這個階段。我不是在引導一條通往覺悟的道路，我不保證什麼，只是提醒各位這種做法大概有點問題。

或許，我們的確覺得這種做法有點問題，因而向上師求教。

「我完全相信此道適合我，十分確信，這一點我們談都不用談。不過，似乎有什麼地方出了毛病。我一再地在自己身上下功夫，卻發現連續遭受到同樣的失敗。」

「好，然後呢？」

「然後嘛，我忙得無暇顧及其他，因爲我被這件事迷住了。」

「好，那就放鬆自己吧。」

「我能做什麼嗎？您什麼建議都沒有嗎？」

「我恐怕一時還不能提供你解決之道。首先，我必須曉得你到底有什麼毛病，各行各業的專家都會這麼說的。如果你的電視機出了問題，你並不是立刻換個眞空管，而是先把整個電視機檢查一遍，看看是哪個零件失效、哪個眞空管不靈。」

「其實也看不出有什麼眞正的毛病，只是我一去碰這個問題，它就發狂，全不對勁了；而我試著去改正時，卻一點效果都沒有，好像什麼地方融掉了。」

「這是個大問題。」

「您看，每次我按照您和其他上師教的方法自行解決問題時，縱使一再努力，但問題似乎解決不完，總是不斷出毛病。如果我開始修習瑜伽體位法、調息、坐禪、或任何法門，雖然我已盡力做好，然而老問題還是一再重現。我對這些法教和修法都有極大的信心——我當然有。我愛上師，我愛修法，我的確如此，我對上師和修法完全信任。我知道有很多人因爲走了我如今想走的路，而獲得美滿的結果，但我是怎麼了呢？也許我造過惡業，也許我是敗家子。會是這樣嗎？果眞如此，我就跪行到印度去朝聖，只要有此必要，什麼我都願意犧牲。我可以絕食、我願發任何誓願，只要能得道，只要能眞正入道就行。我能做什麼呢？在您神聖的經典裡，有沒有其他針對我這種人的處方？有我能吃的藥嗎？有我能獻的祭典嗎？」

「我不能確定。明天再來見我，或許我們能想點辦法。」

善友可能就是這樣說的：「明天或週末再來見我。我們好好談談，不用擔心。」於是你又去了，再次見到他，你認爲自己有嚴重的問題，以爲他已爲你想出各種解決的辦法；沒想到他卻還是那一套，見面只是問：

「你好嗎？近況如何？」

「您這是什麼意思？我一直在等您的解答。您曉得我的處境，我的情況糟透了！」

你變得脾氣暴躁，並不是全無道理：一切如常，一點動靜也沒有，一周又一周，你一而再、再而三的去見上師。你想開了，覺得一切努力終將落空，內心卻仍暗自希望：也許這次會成功，也許第四周、第五周或第七周會成功。「七」可是一個極具象徵性的神祕數字。但隨著時間的流逝，你變得絕望了。你即將去調查一下是否有其他的解決之道。「我也許該去見另一位上師。」你心想，「或許我該回國跟本國人共修。這個地方的環境與我格格不入，這位上師與我之間似乎很難溝通；他應該跟我有某種聯繫，可是很令人失望，什麼都沒有。」你就這樣坐在那裡等，每次見到他，幾乎立刻知道他要對你說什麼：「回去修禪」，或「你好嗎？請喝茶。」老是這幾句話，一次又一次。

毛病在哪兒？其實，根本沒毛病，完全沒毛病。就你的善友而言，情況良好；但在你這方面，這段急欲克服什麼的等待期間，本身便是個毛病，因為等待期間會令你太專注於自己，是向內發展而不是向外。你在心理上或心態上，有向內集中的傾向，有所謂「大事」的觀念。要說有毛病，毛病就在這兒。

那諾巴與帝洛巴的故事

或許我該跟各位講一個關於那諾巴和其上師帝洛巴的故事。帝洛巴是印度的大智者，這位上師跟弟子那諾巴在一起十二年，所做的幾乎就是我們剛才談的那些事。「如果你去那個廚房把湯拿來給我，我就教你；我也許會教你。」帝洛巴會這麼說。於是那諾巴把湯拿來；但為了拿湯，他曾在廚房遭到廚師和居士們的毒打。他回來時滿身是血，但心裡快樂。當他獻上湯後，帝洛巴會說：「我還要一碗，去拿。」於是那諾巴又去拿湯，回來時已被打得半死。他之所以肯去拿湯，是因為渴望獲得法教。這次帝洛巴會說：「謝謝，我們到別處去吧。」這種情形一再重複，直到那諾巴的期求之心已達至極點。就在這個時候，帝洛巴脫下草鞋，用草鞋打了那諾巴一記耳光。那是灌頂，無上甚深的灌頂，最偉大的灌頂……還有許多其他形容詞可用。臉上被草鞋一擊，那諾巴頓覺無事可做了。

但是我們不要被這神祕的一幕沖昏了頭，整個重點就是敞開之道。我們已經徹底觀察和體驗過自欺，我們一直背負著自欺的重擔，一如烏龜背著殼；我們老是想把自己封入此殼，企圖衝入「某處」。我們必須完全放下這股衝勁，放棄這種苛求，必須對自己發點慈悲，而敞開之道，即始於此。

此刻，我們應該談談慈悲的意義。慈悲是敞開之道的鑰匙和基本氣氛。解釋慈悲觀念最佳且最正確的方式，是從清明（含有基本溫情的清明）來談慈悲。在此階段，你的禪修是相信自己。當修行的地位在你的日常生活中更加顯著時，你開始信任自己，並且有一種慈悲的心態。這種慈悲並不是為某人難過，而是基本的溫暖。虛空和清明有多大，溫暖就有多大。溫暖是不斷生起正面性善念時所有的那種快感。不管你在做什麼，都不會像是機械性的自覺禪修那般枯燥乏味。其實，禪修是愉快、自發之事，是不斷跟自己友好的行為。

慈悲是通往外界的橋樑

跟自己友好之後，你不能只是把友情藏在心中，而是必須有表達的管道，那就是你與世間的關係。如此，慈悲便成了你通往外界的橋樑。對自己的信心與慈悲，令你想與生活共舞，想與世間的諸般活力溝通。若無這種啓發和敞開，修心之道便成了輪迴的欲望之道，你依舊被困在改善自己之欲、實現夢想之欲當中。如果我們覺得無法達成自己的野心，便會因失望而折磨自己；相反的，如果我們覺得能夠達到自己的目標，便會自滿而盛氣凌人。「我知道自己在做什麼，不要碰我。」我們變得恃才傲物，像我們見過的某些精通本行的專家一般，如果有人向他們發問，尤其是質疑或問得愚蠢，他們就發怒而不肯作任何說明。「你怎麼會說這種話？怎麼會問如此愚蠢的問題？你不明白我懂什麼嗎？」

或許，我們甚至能成就某種二元性的禪定，修證到一種「神祕境界」。在這種情況下，我們可能看來十分安詳，有著傳統所說的「道貌」。但我們會經常需要充電以維持「神祕境界」，還會不斷自我欣賞，一再檢查和沉迷於自我的成就之中。這是對小乘的自修或獨覺所作的典型曲解，而且多少也是一種瞋恚。其中毫無慈悲或敞開，只因我們太專注於自身的經驗了。

慈悲與成就完全無關。慈悲廣大豁達、非常慷慨。眞正慈悲的人，不知他是對別人慷慨，還是對自己慷慨，因爲慈悲是隨緣、隨境佈施，沒有方向，沒有「爲己」「爲他」之念。慈悲充滿喜悅，而且是自然生起的喜悅、信心常在的喜悅、極感富足的喜悅。

我們可以說，慈悲是富足的終極心態：反貧窮的心態，以及對渴欲的戰爭。慈悲含有各種英勇、活潑生動、積極、遠見、開闊等特質。慈悲意涵著寬廣的思想，對自己、對世間都更自在、更大方。此即爲何銜接著小乘而來的第二乘，名爲「大乘」。慈悲的心態是：人生來即富，何須致富。如果沒有這種信心，禪修根本不能化爲行動。

慈悲自會使你與他人交往，因爲你不再視之爲浪費精神。他人能爲你充電，因爲在與他人交往的過程中，你認知了自己的富足。因此，如果你有困難的工作要做，譬如跟他人或人生的各種情況打交道，你不會覺得束手無策。每當你遭遇困難時，困難便提供你一個可喜的機會，讓你能表現自己的富足。這種人生態度，全無貧窮之感。

進入大乘的鎖鑰

慈悲是一把進入敞開之道或進入大乘的鑰匙，使得超卓的菩薩行成爲可能。菩薩道起自佈施與敞開這個歸服的過程。敞開不是把什麼東西給別人，而是放下自己的需求和需求的基準，這就是佈施波羅蜜；它是在學習信賴這個事實：你無須確保自己的地盤，同時要學習信賴自己的根本富足，相信自己有敞開的本錢，此即敞開之道。你若放下「需求」的心態，基本的心理健康就此開始發展，從而導致下一個菩薩行——持戒波羅蜜。

一旦敞開並放下一切，而不考慮「我在做這、我在做那」之類的基準，不再涉及自己，則其他與保持自我或收集有關的事情就都無關緊要了。這是究竟的持戒，加強了敞開和勇氣的形勢：你不怕傷害到自己或他人，因爲你已完全敞開；你不覺得任何境遇是沉悶的，從而帶來了忍辱波羅蜜。忍辱波羅蜜導致精進，亦即喜悅的特質。精進中有極大的參與之樂，此爲能量活力，而這又帶來開放禪定的全觀，亦即對開放的體驗。你不把外境看作身外之物，因爲你跟生命中的舞蹈與戲劇打成一片了。

然後，你變得更加敞開。你不把任何事物看作應該拒絕或應該接受，只是一切隨緣；你不從事任何鬥爭，既不想戰勝敵人，也不想達成目標；你沒有收集或佈施的牽扯；你根本沒有希望或恐懼，這即是「般若」的超凡智慧，如實知見事物之本然的能力。

所以，敞開之道的主題是：我們必須開始放棄「我」的基本奮鬥，要完全敞開，絕對信任自己，這是慈悲與愛的眞義。世上有很多以愛心、和平及寧靜爲題的演講，但是我們怎樣才能實現愛心？基督說：「愛你的鄰居。」但我們如何去愛？怎樣去做？我們如何使自己的愛心遍照全人類、全世界？「因爲我們必須這麼做，眞理如此！」「你若無此愛心，就必遭天譴，注定是邪惡的；你即是危害人群。」「你若有此愛心，就是在修道，走對的路。」但是怎樣實行？許多人對愛充滿夢想，甚至不折不扣地感到「飄飄欲仙」；但免不了會有一個空隙，會有不陶醉在愛裡的時候。那時發生的便是令人困窘的私事，我們想把它密封起來；它是「私處」，見不得人，不屬於我們的神性。我們不要去想，只要再爆發一次愛就行了。如此一次又一次的爆發下去，我們企圖不理會自身所有而被我們所排斥的那些部分，力求要道德高尚、慈愛可親。

我要說的也許會令很多人不快，但實際上，愛恐怕不只是美麗、浪漫的喜樂感受；愛不僅跟世間之美結交，同時也跟醜惡、痛苦、瞋恚有關聯；愛不是天堂重現。愛心或慈悲，或敞開之道，是離不開現實實相的。要發愛心——遍滿宇宙的大愛，不管你想叫它什麼，你都必須如實地接受人生的全局，接受其光明，也接受其黑暗；接受其善，也接受其惡。你必須對人生敞開自己，與人生交流溝通。你也許正在努力推展愛心與和平，力求達成它們：「我們必會成功，我們要花數千元向各地廣播愛的教義，我們要宣揚愛心。」好吧，宣揚吧！去做吧！花錢吧！這種做法背後的急於求進，又是如何呢？你們何必強迫我們接受你們的愛？為何要這麼急、這麼費力？如果在速度和衝勁上，你們的愛跟別人的恨一樣的話，那麼看來是有毛病了，這似乎像是稱黑暗為光明，此中含有極大的野心，而這種野心是以勸人改變信仰的姿態出現，那不是敞開以如實地與事物之本然相溝通。「世界和平」的終極涵義，是盡除和平與戰爭的概念，對世間的正面與負面都同樣完全地敞開自己。這就像是從高空俯瞰世間：有明、有暗，兩者盡收眼底；你不會想要護明抗暗。

千江有水千江月

菩薩行有如照映在一百碗水上的月亮，同時出現一百個月影，每碗水中都有一個。並不是月亮有意如此，也不是誰設計出來的，然而不知何故，在一百碗水中，自然就有了一百個月影。敞開指的即是這種絕對的信任和自信。敞開的慈悲也是這樣運作，不是刻意去製造一百個月亮，以便讓每一碗水中都有一個月影。

我們面臨的基本問題，似乎是我們太致力於想證明些什麼，這一點與偏執狂和貧窮感有關。一旦你想要證明或得到什麼，你就不再是敞開的了，因爲你必須檢查每一件事，必須將每一件事安排得正確無誤。那是非常偏執的生活方式，並不能眞正證明什麼。你也許能在數量上創下紀錄：我們建造得最雄偉，我們收集得最多、最長、最大。但你一去世，誰還會記得這些紀錄？就算記得，會記得多久？一百年？十年？十分鐘？有價值的紀錄，是當下的紀錄，是現在的紀錄，是現在有無眞正的溝通和敞開。

這是敞開之道，也就是菩薩道。一位菩薩，即使諸佛授與勳章，宣告他是全宇宙中最勇猛的菩薩，他也不會在意；他根本不會把此事放在心上。你在經典中絕不會讀到菩薩接受勳章的故事。本來就該如此，因爲菩薩無須證明什麼。菩薩行是自然的行爲，是敞開的生活、敞開的溝通，其中根本沒有奮鬥或急速的成分。

問：做一位菩薩的意思，我想是在幫助他人，而他人會有特定的要求，所以菩薩必須做特定的事。我們所談的那種完全敞開的觀念，怎能配合這種做特定之事的需要呢？

答：敞開不是反應遲鈍，不是當個行屍走肉。敞開的意思是，隨機自由地去從事情境所需的事。由於你不想從中獲利，所以你能用眞正適合當時情況的方式放手去做。同樣的，如果他人對你要求什麼，那也許是他們單方面的問題，你不必討好任何人。敞開意謂「做眞正的你」，如果你覺得做眞正的你很舒服，那麼敞開和溝通的環境便會自動而自然地出現。這就像我們講過的月亮與水碗：水碗若在那兒，便會反映你的「月性」；水碗若不在那兒，便不會；水碗若只有半個在那兒，便只會反映半個月亮，一切全看水碗而定。你這個月亮只是在那兒敞開，水碗也許會反映你，也許不會。你既非在意，也非不在意；你只是在那兒而已。

情況自動發展。我們無須削足適履，讓自己去配合什麼職位或環境。我想長久以來，我們之中的許多人一直企圖做那種事，試圖侷限自己，把自己分門別類地塞入種種狹隘固定的環境中。我們見木不見林，花費太多精神去專注在一點之上，結果大吃一驚的發現，竟然有整個的地區被我們漏掉了。

問：我們能夠以慈悲行事，同時又把該做的事做好嗎？

答：當不急進時，你會覺得有足夠的活動和做事的空間，你會把該做的事看得更清楚，變得更有效率，工作上也會更加精細無誤。

問：仁波切，我想您曾區別過敞開之道與內在之道。能否請您詳細說明您所看到的內外之別？

答：你用的這個「內」字，似乎意涵奮鬥、內向、反省自己是否夠傑出、能幹、體面。這種做法過於「在自己身上下功夫」，過於向內集中。敞開之道是完全針對現實情況去做，根本沒有某一辦法可能行不通、某一件事可能會失敗的顧慮。你必須放棄偏執，不要總是妄想自己不能配合情況，或者會遭到排擠。你只該如實地面對人生。

問：溫暖的態度從何而來？

答：無有瞋怒急進，就有溫情。

問：那不就是果、是目的嗎？

答：那也是道，也是橋；你不住在橋上，你走過橋去。在禪修的經驗中，自有某種不急進的意識，這也是「法」的定義。法的定義是冷靜客觀或不動感情，冷靜意涵不急進。如果你熱中什麼，就想要儘快拿到手，以滿足你的欲望；一旦沒有需要滿足自己的欲望，也就沒有急進。若一個人眞的能跟禪修的質樸發生聯繫，急進便會自行消失。由於不急促於要完成什麼，你才能夠放鬆；由於能放鬆，你才能陪陪自己、親愛自己、與自己爲友。於是思想、情緒、起心動念，都經常著重於你跟自己友好的行爲上。

換句話說，慈悲是禪修的實質，是落實的感受。慈悲的溫暖，意謂不要匆匆忙忙，而要如實地跟每一種情況打交道。「坐牛」（編註：Sitting Bull，幼年時即以遇事三思而聞名，長大後成爲勇敢的戰士，領導部落對抗世仇克羅人）這個十九世紀一位美國印地安酋長的名字，便是絕佳範例。「坐牛」是非常穩重落實的有機體。你確確實實存在那裡，安然靜止。

問：您似乎是說慈悲會成長，但又暗示無須培養慈悲。

答：慈悲自發、自長、自己發酵，用不著我們費力。

問：慈悲會死嗎？

答：似乎不會。寂天菩薩說，無悲之行，如種死樹；有悲之行，如種活樹。慈悲不斷成長，永不會死；即使似乎死了，也會留下種子，再生慈悲。慈悲是有機體，能一直延續下去。

問：跟人交往之初，會有某種溫情產生，可是後來不知為什麼，那股溫情的能量變得勢不可擋，以致你被套牢了，動彈不得。

答：如果溫情不含他意，不是為了確證自己，那麼它就是自給自足，而且基本上是健康的。你製作酸乳酪時，若提高溫度或過分助長，做出來的乳酪絕不會好；如果你把材料放在溫度適當之處就不管了，反而會成為很好的乳酪。

問：您怎麼知道何時該不管？

答：你不必老是管自己，而是必須放手，不力圖要維持控制，你必須信任自己卻不檢視自己。你越想檢視自己，就越有可能妨礙情況的自然運作和發展。即使你所做的並不確定，看來說吹就吹、說變就變，也不用擔心。

問：如果有人製造一種讓你擔心的情況，該怎麼辦？

答：擔心於事無補，只會令情況更糟。

問：我們現在談的這種做法，似乎需要某種無畏。

答：沒錯，非常需要。那種無畏就是積極的思想和富足的心態。

問：如果覺得非用霹靂手段不能令人究竟獲益，該怎麼辦？

答：儘管去做。

問：但若當時還沒有眞正的悲智呢？

答：你不必懷疑或擔心自己的智慧，儘管依需要去做。你面對的情況本身就深奧得足以成爲知識了。你不需要二手資料，不需要支援或行爲準則，情況會自動支援你。若需用霹靂手段，你就用霹靂手段，因爲情況要你這麼做。你不是有意逞強，你是情況的工具。

問：在不覺得自己有慈悲時，應以何種行爲來做溝通之橋？

答：你不必去「感覺」慈悲。感情之悲心和慈悲之悲心，區別就在此：你不一定感到慈悲的存在，你即是慈悲。通常你若敞開，慈悲自生，因爲那時你不再沉迷於某種自我放縱之念。

問：慈悲之橋需要經常保養嗎？

答：我不認爲如此。它需要的是承認，而不是保養。此即富足的心態；你承認有橋在那兒。

問：如果你怕某人，也許怕得有理，你該怎麼辦？對我來說，這種恐懼會破壞慈悲。

答：慈悲不是垂憐某一個需要幫助或照顧的人，而是一般的、基本的、有機的、積極的思想。對別人的懼怕，似乎會讓你對自己是誰沒有把握，這也是你怕某種情況或某個人的原因。恐懼來自沒有把握，你若確實知道如何處理那可怕的情況，就不會怕了；恐懼出於驚慌，驚慌是因沒有把握而感到的不知所措。沒有把握跟不信任自己有關，你覺得自己無法處理那個正在威脅你的神祕問題。你若眞正對自己有慈悲，便不會有恐懼，因爲你知道自己在做什麼；你若知道自己在做什麼，你的投射也會變得有條不紊、可以預測。這樣一來，你就在發展般若，也就是知道如何應付各種情況的智慧。

問：您說的投射，在這兒是什麼意思？

答：投射是你在鏡中的影像。由於你對自己沒把握，世間就反映你的沒把握給你看，於是你心中便開始爲此影像所擾。你的沒把握讓你耿耿於懷，其實那完全是你在鏡中的影像。

問：您說若對自己有慈悲，就會知道自己在做什麼。這句話是什麼意思？

答：禪修的這兩方面總是同時出現。你若對自己敞開，對自己有正面的態度，自會知道自己在做什麼，因爲你對自己不再是個謎。這就是「惹那」（梵文：jnana）、「智」或「自然智」。你知道自己自然地存在，你知道自己是什麼，所以就有了信任自己的本錢。

問：我若眞正跟自己爲友，就不會總是害怕出錯了吧？

答：對。藏語稱智爲「耶喜」，意思是「本初智」。你本身就在一切開端的起點或原始之處，你幾乎可以稱此智爲「對自己的無始信任」。你根本無須去尋找開端；它是本初的狀態，所以沒有尋找開端的理由。它已如是，無有開始。

幽默感

從什麼不是幽默感來看什麼是幽默感，會很有趣。缺乏幽默似乎是來自以「事實不可動搖」爲本的心態。有此心態的人，爲人處事非常僵直，誠實得要命，嚴肅得要命，打個比喻，他就像是活死屍。他生活在痛苦中，臉上總是帶著痛苦的表情。他體驗過某種僵硬的事實：現實，他極度嚴肅，直到成爲活屍的程度。僵直死板的活屍是幽默感的反面，那種情形猶如有人手持利刃站在你背後。如果你不好好修禪，不乖乖坐正，你背後的人就要下手了；或者，如果你不好好的、誠實的、直來直往的過日子，就有人要打你了。這是不必要的自我監視或自我審察的自覺意識。不管我們做什麼，總是受到監視和檢查。其實，監視者不是「大哥」（Big Brother），而是「自我老大哥」（Big Me）！我的另一面在監視我，在我背後就要下手、就要指明我的缺失了。這種做法，沒有喜悅可言，絲毫談不上幽默感。

嚴肅——修道上的唯物

這種嚴肅跟修道上的唯物問題有關。「只要我屬於某一禪修傳承，參加某一教會及組織，就會因獻身宗教而必須做個好男孩或好女孩，必須做個誠實、善良、經常上教堂的人；

我必須符合教會的標準，遵守教會的規定；我若不履行義務，便會受到詛咒，縮成一具枯屍。」此中有著嚴肅的、死亡的威脅。死亡在此是指未來不再有任何創造的過程。這種態度含有偈限、僵硬的感覺，完全沒有活動的餘地。

你也許會問：「偉大的宗教傳統、偉大的教義怎麼說？它們講戒律、條例、法規。戒律跟幽默感合得來嗎？」我們來仔細看看這個問題吧。這些戒律和持戒，是眞的建立在把「善」與「惡」完全看成對立的裁判心態上嗎？偉大的教義，眞的主張我們對抗邪惡是因爲我們站在光明與和平這一邊嗎？偉大的教義，是教我們對抗「不好的」那一邊，是壞的、黑暗的那一邊嗎？這是個大問題。在有智慧的神聖教義中，不該有任何戰爭；人只要一捲入戰爭，一想要防禦或攻擊，他的行爲就不神聖；那是世俗的、二元對立的、戰場的情況。你不會認爲偉大的教義憨直簡單得像：努力做好人，奮力打壞人。這樣豈不成了好萊塢西部影片的做法：還沒看到結局，就已確知「好人」絕不會死，「壞人」一定完蛋。這種做法顯然是心思簡單的，但我們在「修道的」努力和「修道的」成就名義之下所製造出來的，就是這種情況。

我並不是說幽默感應該肆無忌憚，而是指眼中不要只有戰爭、奮鬥、二元對立，應該要另有所見。如果我們把靈修之道看作戰場，那麼我們就是軟弱無力；我們在修道上的進展如何，全看我們征服的地區有多大、克服自己與他人過失的情形怎樣、除去的不善有多少；你能產生多少光明，全看你能消除多少黑暗，這是軟弱無能的做法，簡直不能稱之爲解脫或自在，木底（梵文：mukti，解脫）或涅槃。你打敗了什麼而獲得解脫，這種做法純屬相對性。

超越二元的大喜悅

我不想把「幽默感」的問題弄得很嚴肅，但恐怕有人會這麼做。只是爲了眞正瞭解屍體所代表的那種僵硬，我們難免會有把幽默感變成嚴肅之事的危險。幽默感意謂從高空如實得見情況的兩極：世間有善有惡，而你好像居高臨下，看到了善惡的全景，然後開始覺得地上那些相殺、相愛、或只是存在的小人兒，實在微不足道；也就是說，如果他們把相殺、相愛看成了不起的大事的話，我們便可以看出他們吵吵鬧鬧的諷刺面。我們若非常努力去建造一個巨大、有意義和力量的東西，心想「我眞的在追求什麼，確實努力對付自己的過失」，或「我眞的努力在做個好人」，在那鳥瞰之下便會嚴肅盡失，成了紙老虎；這是極爲諷刺的事。

幽默感似乎來自遍滿的喜悅，這種喜悅不捲入「彼」「此」之戰，所以能有空間擴展成完全敞開的情況。喜悅能發展成全面的喜悅，能看到或感受到整個地面或敞開的地面。這種敞開的情況裡，沒有絲毫界限或假裝的嚴肅。你若想把人生看作「重要事務」，你若想強令人生嚴肅，好像每件事都是大事，那就可笑了。幹嘛小題大作？

也許有人會力圖把坐禪的姿勢弄得百分之一百或百分之二百的正確。了不起，很好笑。另一方面，也許有人會力圖發揮幽默感，老是想開玩笑，隨時隨地不忘逗趣；這種做法本身就非常嚴肅，同樣可笑。如果你逐漸增加身體的緊張，緊張到咬緊牙關、咬住舌頭，那麼便會突然有什麼東西讓你發癢想笑，因爲你做得太過分，走上極端，到了荒謬可笑的地步。緊張至極，便會自動變成幽默。

有個西藏故事，講一位比丘捨離輪迴的混亂生活，決定去山洞中住，一心修禪。在此以前，他曾經不斷想著人生的苦。他的名字是朗如的岡納巴，也就是朗如的黑面人——因爲他從來不笑，在他眼中人生無事不苦。他在洞中閉關多年，非常嚴肅，極爲誠正，直到有一天他看佛龕時，發現有人在那裡放了一大塊綠松石作爲對他的供養。他在觀看這個禮物時，瞧見了一隻老鼠爬進來想把那塊綠松石拖走，可是卻拖不動，於是這隻老鼠回洞叫來另一隻老鼠，兩鼠合力去拖，還是拖不動；牠們齊聲尖叫，又喚來八隻老鼠，終於把那塊石頭拖進洞中了。看到這裡，朗如的岡納巴笑了起來，這是他生平第一次笑，也是第一次得見敞開的境界，得到剎那的頓悟。

可見幽默感不只是講笑話或說俏皮話，不僅是故意逗樂。幽默感包含看出兩個極端並列時所顯示的根本諷刺，所以你不會對它們認眞，不會認眞玩它們那種希望與恐懼的把戲。這就是爲什麼修道的經驗那麼重要，以及爲什麼禪修是一切經驗中最微不足道的。微不足道的原因是你根本不對它作價值判斷。你一旦深入微不足道的敞開境界而不涉入價值判斷，便開始看清周遭所進行的遊戲了。有人表情嚴肅，一本正經的修道，想要做個好人。這種人如果受到冒犯，便會極度認眞，可能爲此打上一架。你若按照根本微不足道的觀點去看實際本然，便能開始在這種嚴肅認眞當中、在這樣小題大作的人身上，看出幽默。

問：我聽到過的勸人做善事和正事的說法，大部分是「先積功德，爲善去惡，日後甚至連『好的執著』都可放下」。您覺得這種做法如何？

答：如果我們從幽默感的觀點看，這種「戒掉」或「放下一切」的想法，似乎太生硬、太天眞。如果你想放下一切，做個好人，諷刺的是，那根本不是放下，而是拿起更多，這便是可笑的地方。也許有人認爲自己能夠放下所背負的重擔，但這沒有重擔、這放下，比原來的重擔還要重上百倍。要放下什麼相當容易，但隨著放下而來的副產品則可能含有某種非常沉重的僞善之感。每次遇見人，你都會想，甚至會說：「我已經放下了這個、那個。」「放下」會變得越來越重，你好像背著一大袋細菌，最後可能成爲一個大草，而且越長越快。到了某個階段，一個人會因放下了很多事物而自覺了不起，以致開始變得讓別人根本受不了他。

禪修也是一樣，如果我們把它當作一件大事、一項要務，它就會變得讓人難堪，變得十分沉重而要把我們壓垮，讓我們連想一想都受不了。我們會像是吃得太多而消化不良、快要撐壞了的人，心想：「我希望肚子餓，那至少會讓我覺得好過些。可是現在我的肚子太飽了，快要撐壞了，我眞希望從未吃過。」我們不能對修道那麼認眞，這麼認眞便是弄巧成拙，違反「放下」的眞義。

問：開悟的人已經克服悲劇感了嗎？

答：不是一定要開悟才能放下悲劇感。如果你涉入漸強的高度緊張情況，捲入悲劇的強烈感情，你也許會同時看出其幽默。這就像是聽音樂，當我們傾聽不斷升高的樂聲時，如果音樂突然間停止了，我們會立即把這突如其來的寂靜當作音樂的一部分來聽。這不是什麼殊勝的經驗，而是很常見、很平凡；此即爲何我說這是最微不足道的經驗之一，原因就在我們不對它作價值判斷——這種經驗幾乎等於沒有。當然，若我們採用自我基本的扭曲本性，便可繼續說，就是因爲這種經驗幾乎等於沒有，就是因爲這種經驗如此無足輕重，所以才是一切經驗中最有價值、最不平凡的經驗。這種說法只不過是運用概念的戲論來證明你所涉入的是件大事；其實，這沒什麼大不了。

問：幽默感與頓悟有什麼關聯嗎？

答：當然有。有個故事講的是一個哈哈大笑而死的人。這個人是個純樸的村民，他問上師：

「阿彌陀佛是什麼顏色？」依傳統畫像，應爲紅色。但不知爲何，他誤以爲上師說阿彌陀佛的顏色如火中之灰。這項錯誤影響了他整個禪觀修習，因爲他在修彌陀觀時，所觀想的是灰色的阿彌陀佛。

他臨終時，躺在床上，想再確定一下，所以又問另一位上師：「阿彌陀佛是什麼顏色？」這位上師說阿彌陀佛的顏色是紅的。他一聽此言，突然大笑起來，說：「好哇，我一直以爲祂是灰色，現在你卻告訴我是紅的。」他又大笑起來，就這樣笑死了。所以說，頓悟的經驗是克服某種嚴肅心態的問題。

有很多故事講到某些人因突然大笑而得見覺境，亦即看出相反情況的對比及所含的諷刺。例如，有位隱士，他的信徒住在數里外的村莊，這位信徒供養隱士食物及其他生活必需品，通常都是叫他的妻子或兒女送去。但有一天，隱士聽說施主要親自前來看他，於是心想：「我得給他一個好印象，必須把佛龕打掃乾淨，把每件東西擦亮，讓佛龕和房間都整整齊齊，一塵不染。」於是，他動手徹底清理一番，直到佛龕煥然一新，有盛著淨水的淨水碗，有火焰光明的酥油燈，莊嚴肅穆。清理完之後，他坐下來開始欣賞房間，環顧四周，一切看起來都非常整潔，有點不像是眞的，佛龕看起來也同樣虛假。他猛然驚覺，看穿了自己的僞善，於是到廚房去，抓了兩把灰，往佛龕上拋撒，直到整個房間變得一塌糊塗。施主來了，看到隱士房間那種自然不整的狀況，極爲感動。隱士忍不住大笑說：「我本已盡力把自己和房間弄得整潔，可是後來一想，或許我該給你看現在的模樣。」此話一出，施主和隱士都放聲大笑。對他們兩人來說，那是偉大的覺悟片刻。

問：您每次說法都描述某種似乎無法脫身的情況，在那種情況下，我們都已被困在陷阱裡，被捉入網中。我只想弄清楚您是否暗示過有何解脫之道？

答：你看，重點全在如果我們老是談解脫之道，我們就是在幻想，在做解脫、得救、成覺之夢。我們必須講求實際，必須仔細觀察當下現狀，看看自己神經過敏的心態。一旦我們對自身處境的負面完全熟悉，自會了知「解脫之道」。但是如果我們只談證果將是如何的美妙悅樂，就會變得極端地純眞和浪漫，而這種態度會成爲障礙。我們必須講求實際，這就像是有病去看醫生，醫生若要爲你醫治，他必須先知道你有什麼病；問題不是什麼會對你好，那是後話，與此刻無關。你若把病情告訴醫生，那就是解脱疾病之道。此即爲何佛先教授四諦：你必須從知苦開始，知苦之後，再繼續追究苦因、離苦之道以及如何解脱。佛陀並沒有以成覺經驗的美妙爲其初轉法輪的主題。

問：依照通常的模式來評估和判斷，我發現自己在想，您後來講授的過失和障礙，好像比先前所說的那些要深，是這樣嗎？

答：是這樣。即使你已像菩薩那樣入道，你仍會在開始覺悟時想要分析你的悟境，包括自我觀察、自我分析和自我評估，而且會繼續下去，直到猛然挨了凌厲的一擊，而這一擊，名爲金剛喻定（Vajra-like Samadhi），是終極的禪定境界。成覺被比喻爲金剛，是因它絕不縱容胡扯，它一眼就識破、截斷了我們所有的把戲。在佛陀的傳記中，我們聽到魔羅的各種誘惑都極爲陰險：第一種誘惑是利用人對死亡的恐懼，最後一種是諸魔女的誘惑，亦即修道上的唯物主義；這種誘惑力量極大，因爲它讓你認爲「我」有所成就。如果我們認爲自己有所成就，認爲自己「辦到了」，那麼我們就是已受魔羅女兒的誘惑，已受修道上唯物的誘惑。

「我」的發展

因爲我們是要從頭到尾、從初習者之心到覺悟者之心來看佛道，所以我想我們首先最好是看非常具體和實際的東西，也就是我們所要耕種的田地。在熟悉起點或自我的本性之前，就研究更高深的題目是不智的。西藏有句格言說：「（牛）頭未煮好，搶舌沒用。」任何修行都必須對起點或使用的材料有基本的瞭解。

我們若不瞭解自己這塊用以修行的材料，我們的研究即是白費；對目標的種種臆測，到頭來也只是空想。這些臆測可能表現爲高深的理念和對修行經驗的描述，但都只是利用人性的弱點，利用我們想要看到、聽到精彩非凡事物的心態。如果我們從這些夢想中的非凡、發悟、戲劇性的經驗開始研究，就會增強自己的期望和偏見，以致當我們眞正修道時，心中所想的主要是未來將會如何，而不是現在的實相是怎樣。玩弄人的弱點，玩弄他們的期望和夢想，而不談他們目前的眞相或實際的起點，這種做法對修行人不僅有害，同時也不公平。

自我的真相

因此，我們必須先講目前的眞相，以及我們爲何求道。一般而言，所有宗教傳統都討論我們這塊材料，或講阿賴耶識、或講原罪、或講人類的墮落、或講「我」的起源。大部分的宗教都對這塊材料有些輕蔑，但我不認爲它是那麼可惡、可怕；我們不必覺得自己可恥。身爲眾生，我們具有極好的背景，這些背景或許不是特別地開悟、祥和或有才智，儘管如此，我們還是擁有可耕之地，能在這塊土地上種植任何東西。因此，在討論這個問題時，我們不是要譴責或意欲根除攀著自我的心態，而只是承認，並如實去看。事實上，瞭解自我是佛法的基礎，所以現在我們就來看看「我」是怎樣發展的。

本來只有那敞開的空間、基地或我們的眞面目。在「我」產生之前，我們最根本的心的狀態，具有基本的敞開、基本的自由，一種空廣的特質；我們直到現在都還擁有這種敞開，也總是會具有這種特質。以我們的日常生活和思維模式爲例，當我們看見一個東西時，初見的那一瞬間是頓然感知，沒有邏輯或概念，我們只是在開放的基礎上看見那個東西而已。接著我們就慌了，連忙去找點什麼加上去，不是想取個名字，就是想分類記存，以便以後好找。事物即是從這裡開始發展的。

這種發展不是以實物的姿態發展；這種發展是虛幻的，是誤信有「自我」或有「我」的妄念。迷惑之心易於自視爲堅實、續存之物，但實際上它只是多種性向或事件的積聚；佛教術語稱此積聚爲五蘊。或許我們可以把五蘊發展的整個過程略看一遍。

起點是那敞開、無有主宰的空間。空間與敞開總是和根本明智連在一起。梵語毗睇（Vidya），意思是明（智），即精準、明確，明確而有空間，明確而有放置東西、交換東西的餘地。這猶如一間寬敞的大廳，裡面有足夠跳舞的地方，沒有碰翻東西或被絆倒的危險，因爲其中的空間是完全敞開的。我們即此空間，我們與此空間爲一，與明、智及敞開爲一。

可是，如果我們一直是如此，那麼迷惑從何而來？空間又到哪兒去了？究竟出了什麼事？其實，沒有任何事情發生。我們只是在那空間裡變得太活躍了。因爲有寬敞的空間，我們才想要跳舞，可是我們跳得有點過火，轉來轉去，誇大的表現空間。這時，我們變得自覺，感到「我」在此空間跳舞。

無明與色蘊的生成

到了這個時候，空間已不再是空間，而是變成了固體。我們不再與空間爲一，反而覺得固體的空間是身外分離之物，是可觸知的東西。這是首次二元對立的經驗——空間和我相對，我在此空間跳舞，而此寬敞的空間是固體的、與我分立的東西。二元對立指的是空間與我爲二，而非爲一。此即「色」或「他」的出生。

於是，發生了一種暫時昏迷的現象，也就是我們忘了自己在做什麼。有一種突如其來的暫停，我們一轉身「發現」了固體的空間，好像我們從未做過什麼，似乎空間變成固體並不是我們造成的。這中間有個空隙，在造成固體的空間之後，我們猶如墮入五里霧中，被其淹沒，開始迷失方向。那時我們的意識暫失，然後又突然覺醒。

覺醒之後，我們不肯視空間爲敞開的，不肯去看空間的無礙與通風的特質，我們對其完全置之不理。此即所謂「無明」（Avidya）。A的意思是「否定」，vidya的意思是「明（智）」，所以是「無明」。由於本有的至明已被轉變成誤認空間爲固體的感知，由於此具有明確、精準、流暢、光輝等特質的「明」，已變成靜止狀態，所以稱爲「無明」。我們故意忽視。我們不以僅僅在空間中跳舞爲滿足，而且還要有伴，所以就選擇空間爲舞伴。你若選擇空間爲舞伴，當然是想要讓空間跟你共舞；要想據有空間這個舞伴，你必須把空間變成固體，而不顧它那流暢、敞開的特質。此即無明，無視於明。這是第一蘊的極點，無明色蘊。

其實，此無明色蘊有三面或三個不同階段，我們可以用另一比喻來仔細看看此三階段。

假定起初有一敞開的平原，無山無樹，完全敞開，就像一片沒有任何特徵的單調沙漠，而那就是我們的本來面目，我們非常單純和原始。然而，有一個太陽照耀，有一個月亮照耀，以致有光有色，有沙漠的紋理質地。此外還有能量活力，感覺能量活力穿梭於天地之間。如此繼續發展下去。

後來，不知爲何，有人突然注意到這一切。這好像是沙漠中有一粒沙伸出脖子，開始環顧四周。我們就是那粒沙，有了與沙漠分立的想法。這是「無明誕生」的第一階段，是一種化學反應。二元對立已經開始。

無明色蘊的第二階段叫做「內生無明」。在注意到自己是分立的之後，便覺得自己一直是如此。這是一種困窘難堪、趨向自覺的本能，也是我們保持分立、做一粒個別之沙的藉口。這是瞋恚型的無明，雖然並不完全是瞋恚，因爲尚未發展到那種地步。說它是瞋恚型，是說你覺得處境困難、不平衡，而想要鞏固自己的地盤，爲自己構築一個棲身之所。那是困惑的獨立個體所有的心態，就是這麼回事。你已確認自己脫離了那由空間和敞開所構成的基本地景。

第三種無明是「自觀無明」，注視自己。這具有一種把自己看作外物的感覺，從而產生最初的「他」的觀念。你開始與所謂的「外界」發生關係。此即爲什麼說無明的這三個階段，構成無明色蘊；你正在開始製造色界。

我們所講的「無明」，一點也不笨。就某種意義而言，無明非常聰明，但它的聰明完全是雙向道的聰明，也就是說，你只是在反應自己的投影，而不是如實去看眞相。這裡根本沒有所謂「順其本然」的情形，因爲你一直都忽略了自己是什麼。這是無明的基本定義。

受、想、行、識蘊的建立

下一個發展是建立防禦機構來保護我們的無明，這個防禦機構就是列爲第二蘊的受。由於我們已經忽略那敞開的空間，以致想要感受固體空間的特質，以便讓我們正在發展的執著性得到完全的滿足。當然，空間並不只是空間，其中還含有顏色與能量活力，而顏色與活力的展現是偉大莊嚴、美麗如畫的，但我們已完全不予理會。我們所注意的只是固體化的顏色；顏色變成被俘的顏色，活力也變成被俘的活力，因爲我們已將整個空間固體化，令其轉變成「他」了。這麼做，我們即可重新肯定自己的存在。「如果我能感覺到那物在那兒，那麼我一定是在這兒。」

每當有事情發生時，你就去觸探，看看情況如何，看是屬於誘惑性、威脅性，還是中性。每當有了突然的分離，每當有了不知「彼」「此」關係的感受時，我們就會摸找自己的地盤。這是我們開始設立的極有效率的感受機構，亦即第二蘊。

更進一步建立「我」的下一個機制是第三蘊，由感知與衝動合成的想蘊。我們開始被自己製造出來的靜止的顏色和活力迷住了，我們想要親近它們，於是開始逐步探索自己的創作。

若要作有效的探索，必須有控制感受機制的接線總機；感受把獲得的消息傳送給中央總機，這是想蘊中感知的行為活動。我們根據那項消息作判斷、起反應。至於我們的反應是贊成、反對，還是不置可否，全由受蘊與想蘊這套官僚體制自行決定。如果我們覺得對自己構成威脅，就會把它推開；如果覺得具有魅力，就把會拉攏過來；如果我們覺得不好不壞，那麼就不理不睬。想蘊中的衝動有三種：貪、瞋、癡。想蘊中的感知是指從外界收到消息；想蘊中的衝動是指我們對所獲消息的反應。

下一個發展是第四蘊——行蘊。想蘊是對直覺所起的自動反應，不過，這種自動反應實不足以保護我們的無明並保證我們的安全。要想眞正做到完全妥善的自保和自欺，我們必須有智力，亦即有爲事物命名、分類的能力。於是，我們爲事物加上標籤，分成了「好」「壞」「美」「醜」等類別，全都以我們的衝動爲依據，我們覺得該叫什麼，就叫什麼。

如此一來，「我」的結構變得越來越重、越來越強。到此爲止，「我」的發展一直只是行動與反應的過程；但從此開始，「我」的發展逐漸超過了猿猴本能，而變得更加微妙複雜。我們開始經驗智性的推論，確認或解釋自己，將自己置入某種合乎邏輯、可說明的情況中。智力的本性是很合乎邏輯的。顯然我們會有自我肯定的傾向：肯定我們的經驗、解釋弱點成爲長處、編造安全感的邏輯、肯定我們的無明。

就某種意義而言，我們可以說，根本明智始終在運作，但它爲二元對立的情結或無明所用。在「我」初期的發展階段，根本明智表現爲直覺的敏銳感覺；後來，根本明智又以智力的姿態運作。實際上，似乎根本沒有「我」這種東西，沒有「我是」這種說法。「我」是由很多東西所合成，「我」是「藝術的傑作」，是智力的產品。智力說：「我們給它取個名字吧，我們給它個稱呼，就叫它『我是』吧。」這一招很聰明。「我」是智力的產品，此一標籤把「我」那雜亂無章、零零碎碎的發展全都統一了。

「我」的最後一個發展階段是第五蘊——識蘊。在這個階段，發生了合併：第二蘊的直覺之智、第三蘊的能量和第四蘊的智性化，合併起來產生思想與情緒。因此，我們在第五蘊的階段有了無法控制、不合邏輯的妄想，也有了六道輪迴。

這是「我」的全貌。我們都在這種狀態下修學佛理和禪坐。

以猴為喻

在佛教的經典裡有一比喻，通常被用來描寫「我」的生起與發展的整個過程。有一隻關在空屋中的猴子，屋有五窗，以象徵五官。此猴好奇心強，在每個視窗探頭探腦，向外張望，而且不停地跳上跳下。牠是被囚禁在空屋中的猴子，而屋子是穩固的，牠不能像在叢林裡那樣跳蕩，不能像在樹林中那樣聽到風吹枝葉沙沙作響。這一切全部凝固了。其實，囚禁牠的那間穩固牢房，就是叢林所變成的。這隻猴子如今不是棲身在樹上，而是被一個固體世界圍困住了，猶如一個流動的東西，一個引人注目的美麗瀑布，突然一下子凍結起來。此一由凍結的顏色和凍結的活力所構成的凍結房屋，是完全靜止的。似乎就是從此刻開始，時間有了過去、現在、未來的劃分。事物的流動變成固定的具體時間，是堅固的時間觀念。

好奇的猴子從暫時的昏迷中醒了過來，但並未全醒。牠醒來時發現自己被困在一個穩固的、僅有五窗、悶得可怕的屋子裡。牠感到厭煩，好像被關在動物園的鐵欄杆後面一樣。牠想要看看鐵欄杆是怎麼回事，於是爬上爬下。牠被囚禁，本來並沒什麼大不了，但因牠老是念念不忘被囚，以致被囚的觀念比實際的情形大上千倍。你一被迷住，懼閉感就會變得越來越強、越來越烈，因爲你開始探究自己的被囚了。其實，迷戀即是牠繼續被囚的原因之一——牠被自己的迷戀所囚禁了。當然，開始時有突然發生的暫時昏迷令牠堅信世間堅固，但如今世間的堅固已被牠視爲理所當然，於是牠因涉入其中而自覺被囚。

這隻猴子當然不是一直都在探索。牠開始變得不安，有了千篇一律、枯燥無味之感，於是開始變得神經質。在渴望娛樂的心情下，牠去摸牆，想看看牆壁的構造，確定一下表面堅固的牆壁確實堅固。接著，在確信空間是固體之後，猴子開始跟它發生關係，不是取著，就是排斥，或是不理不睬。如果牠想把空間抓來據爲己有，作爲自己的經驗、發現或知識，那就是貪。如果牠視空間爲監獄，而想硬闖出去，越戰越烈，那就是瞋；瞋不只是破壞的心念，更是一種防禦感，防衛自己以抵禦懼閉。猴子並不一定覺得有對手或敵人逼近，牠只是想要逃離監獄。

最後，猴子也許想要漠視自己的被囚，或環境的誘惑。牠裝聾作啞，對周遭發生之事漠不關心，懶得去管；這就是癡。

回顧一下，你可以說那隻猴子從暫時昏迷中甦醒，就在囚禁牠的屋中出生了。牠不知自己是怎麼入獄的，所以牠假定自己一直在那兒，忘了是牠自己把空間凝固成牆壁的。於是牠去摸牆，看看牆的構造，這是第二蘊受。後來，牠以貪、瞋、癡的心態與屋子發生關係，這是第三蘊想。在對該屋起了貪、瞋、癡心之後，猴子開始爲它命名和分類：「這是窗戶。這個角落舒適，那個牆壁讓我害怕，所以不好。」牠有了概念的框框，用以爲牠的世界命名、分類、評估，結果全看牠對該屋是貪、是瞋，還是無動於衷，這是第四蘊行。

猴子在第四蘊發展的過程，是相當合乎邏輯而可預測的。但這種發展模式，當牠進入列爲第五蘊的識蘊時，就開始瓦解了。牠的思想模式變得不規則和難以預料，開始產生幻覺或夢想。

我們所說的「幻覺」或「夢想」，是指把事物不一定有的價值加諸在事物上。對事物的現狀及其應該如何，我們有了成見，此即投影，也就是我們把自己對事物的看法投射在事物上。因此，我們變得完全陷入自己所創造的世界裡，而我們所創造的世界，是由不一致的價值觀念與看法所構成的。就此意義而言，幻覺是對事物與事件的曲解，把現象界本不具有的意義妄自加了進去。

六道輪迴的由來

以上所說是猴子在第五蘊階段才開始有的經驗。當牠企圖逃出去卻失敗後，牠感到灰心、無助，以致走上完全發瘋之路。由於已厭倦奮鬥，所以牠很想放鬆自己，任由自心胡思亂想、產生幻覺。這就是輪迴六道的由來。傳統佛教常談地獄道、天道、人道、畜生道，以及其他有情的心理狀態，這些都是不同種類的投影，亦即我們親自創造的夢幻世界。

猴子力圖脫逃而未能成功，經過了懼閉的滋味和痛苦，牠開始希求美好的、具有魅力的事物。所以牠首先產生幻覺的是天道，因爲天堂充滿了美好、華麗的事物。猴子夢想走出牢房，在草木扶疏的田野中漫步，吃成熟的水果，在樹上閒坐搖盪，過著自由自在的生活。

接著，牠又開始生出阿修羅道的幻象，那是嫉妒之神祇的世界。做過天道之夢後，猴子想要防衛和保持牠在夢中所享有的大福和極樂。牠有偏執狂，擔心有掠奪者來搶牠最珍愛的東西，所以牠開始有了嫉妒感。牠很自傲，在享受過自己所創造的天道後，也因此進入妒忌的阿修羅道。

後來，牠又看出這些經驗的世俗性。牠不再僅是在嫉妒與傲慢之間打轉，同時也開始有了舒適感，覺得在「人間」或「塵世」很舒服。塵世是個以世俗方式過規律生活、做平凡事務的地方，這是人道。

但牠隨後又覺得有些無聊和不順。這是因為在牠從天道經阿修羅道至人道的過程中，牠的幻覺越來越牢固，以致整個發展也開始笨重起來。此即牠在畜生道出生的時刻。牠寧願爬行或作牛鳴犬吠，而不願享有驕傲或妒忌之樂，這即是愚癡的畜生道。

然後，發展的過程加劇，猴子開始有了餓得要命的感受，因為牠實在不想再往下降了。牠想返回天道的樂園，所以開始有了饑渴之感，那是因想起過去的享受而油然生起的懷舊之情，這即是餓鬼道。

接下來，猴子突然失去了信心，開始懷疑自己和自身的處境而做出激烈的反應。這一切完全是一場可怕的惡夢，牠醒悟這種惡夢不可能是眞的，因而開始怨恨自己造成這種恐怖，此即地獄道的夢幻，是輪迴六道的最後一道。

在六道發展的全部過程中，猴子經歷了妄念、觀念、幻想及所有思想模式。直到第五蘊的階段，牠的心理演進過程始終是很有規律和可預測的。從第一蘊起，每一相續的發展都有條有理，像屋頂上依次重疊的瓦片。但如今猴子的心態變得扭曲而紊亂，原因是那幅完整的心理拼圖突然爆裂，使得牠的思想模式不再有規律、不再可預測，而這似乎就是我們前來學法修禪時的心境。我們必須以此處爲修行的起點。

我想，在談解脫自在之前，有必要先討論作爲修道基礎的「我」，也就是我們的迷惑。假如我只講解脫的經驗，是很危險的。此即爲何我們首先要考慮「我」的發展，這可說是一幅描繪我們心理狀態的畫像。我很遺憾這次的演講不太好聽，但我們不能不面對事實，修道的過程似乎就是如此。

問：可否請您多談一點您所說的「暫時昏迷」是什麼意思？

答：這沒什麼特別深奧之處。這只是說在第一蘊的階段，我們力求凝固空間；我們太過用力、速度太快，以致智慧突然崩潰。這可說是一種覺悟的相反，或無明的經驗。你因過勞而突然進入昏迷狀態。空間的凝固是你實際的「成就」，是你的傑作。完成凝固之後，你便被壓垮了。這也是一種禪定，一種與三昧相反的禪定。

問：您認爲人是不是先要了知死亡，才能眞活？

答：我不認爲你需要特別注意死亡，或去分析死亡，但你必須看清自己的眞相。我們常常喜歡看良好的一面，看精神性修行的美妙，而不如實去看自己。這是最大的危險。如果我們從事自我分析，我們的修道便是想要找到終極的分析，或終極的自欺。「我」極有才智，「我」能扭曲一切。你若執著於靈修、自我分析或超越自我等觀念，「我」就立刻抓住這些觀念，並轉爲自欺。

問：猴子開始產生幻覺時，所幻視的是牠早就知道的嗎？幻覺從何而來？

答：幻覺是一種本能，即第二本能，也就是我們都有的猿猴本能。如果你有痛苦，就會幻想快樂與之對比。我們有防衛自己或建立自己地盤的強烈衝動。

問：在目前我們只具有這種意識的情況下，我們若無能力回到您所描述的空間，豈不就非得作無望的奮鬥不可嗎？

答：我們當然將會一直奮鬥，沒有終結。要是談我們將會經歷的持續奮鬥，那就沒完沒了。除了像你所說的那樣找回本初空間，別無他途；否則，我們即是陷在成為障礙的「彼」「此」相對的心態中。我們總是在跟對手作戰，沒有一刻放鬆。問題是二元對立，是我與我的對手之戰。

禪修則反其道而行。你必須改變整個生活態度和方式；也可以說，你必須改變所有的策略。這會很痛苦。你會突然想到：「如果我不作戰，怎麼對付敵人？我不作戰，的確很好，但是我的敵人呢？他們仍舊在那兒。」這是有趣的一點。

問：看到牆壁就承認自己被囚在那兒，而不再走了，這似乎是很危險的處境。

答：妙就妙在這兒。那並不危險；在知道牆壁堅固和自己被囚時，你可能會覺得痛苦，但這也是有趣之處。

問：您剛才不是說，想要回到另一境界——敞開的空間，乃是本能嗎？

答：當然是本能，但這隻猴子不肯再讓自己只是存在而已。牠繼續奮鬥，不然就是沉入幻覺中。牠從不停下來，從不讓自己好好實際去體驗什麼，這就是問題所在。這就是爲什麼禪修的第一步只是停下來，有個空隙。

問：比如說，你有個障礙，而你也很注意，但這個障礙會因你的注意就沒了嗎？

答：問題全在我們必須努力弄清楚要如何脫離困境，但目前我們必須想一想這些封閉得可怕的房間，亦即我們所在之處；這是學道的第一步。我們必須切實認清自己，如實體驗自己，這將提供我們靈感啓迪，讓我們能作進一步的研究。我們目前還是不談解脫爲妙。

問：您的意思是說，這些封閉得可怕的房間是由智力捏造出來的嗎？

答：根本明智之強烈，隨時都能引起我們的行動。因此我們不該把猴子的一切活動視爲應逃避之物，而應該看作是根本明智的產品。我們越努力奮鬥，就越會發現牆壁的確堅固。我們在奮鬥上用了多少精力，就是把牆壁加強了多少，因爲牆壁需要我們的注意才能凝固。每當我們對牆壁更加注意時，便會生起逃脫無望之感。

問：猴子從囚房的五個窗户望出去時，看到了什麼？

答：牠看到了東、西、南、北。

問：在猴子眼中，東、西、南、北是什麼模樣？

答：一個四方世界。

問：屋外怎樣？

答：一個四方世界，因爲猴子是從窗户往外看的。

問：猴子沒看到遠處有什麼嗎？

答：牠可能有看到，但所見也是四四方方的一幅畫。因爲對猴子來說，那就像是在牆上掛了一幅畫，不是嗎？

問：若此猴吃點迷幻藥或痲醉劑，會怎樣？

答：牠早就吃了。

六道

我們上次講到猴子的時候，牠正在地獄道張牙舞爪、拳打腳踢，企圖衝破牢房之牆。猴子在地獄道的經驗恐怖極了。牠發現自己走過大片熾熱的鐵地，或被鎖鏈繫住、被畫上黑線、切割，或在熱鐵屋中烘烤，或在大鍋中燉煮。此類有關地獄的幻覺，都是出自懼閉和瞋恚的背景，其中有一種陷在狹小空間，無法呼吸、無法走動的感覺。被囚禁的猴子不僅想要摧毀禁閉牠的牢獄之牆，甚至還想自殺，以擺脫不斷折磨牠的巨大、持續的痛苦。但牠並不能眞的把自己殺了，自殺的企圖只會加重牠所受的折磨。猴子越力圖摧毀或控制牆壁，牆壁就變得越加堅固和壓迫；直到某一點，猴子強烈的瞋恚開始露出疲態：牠不再跟牆壁作戰，不再跟牆壁發生關聯，牠變得痲木、冷酷，雖仍身在苦中，但牠不想逃了。此時，牠受到各種各樣的折磨，包括受凍和住在嚴酷、貧瘠、荒涼的地方。

從地獄道到餓鬼道

不過，猴子終於奮鬥累了。地獄道的酷烈開始減弱，猴子也開始放鬆；牠突然發現自己的生活可以過得更敞開、更開闊。牠渴望這種新的境界，而這種新的境界即是餓鬼道：貧窮和渴望救濟的感覺。在地獄道時，牠太忙於奮鬥，以致沒有時間去想得救的可能；如今在餓鬼道，牠如饑似渴地希望過著較爲愉快和開闊的生活，而幻想出多種滿足饑渴的方式。牠在想像中也許看到遠處有敞開的空間，但走近時卻發現那是一大片可怕的沙漠；或許牠看到遠處有一棵碩大的果樹，但走近時卻發現樹上沒有果實，或者有人在看守；或許牠飛到一個看似蒼翠肥沃的山谷，但卻發現谷裡全是毒蟲，充滿著腐爛植物發出的惡臭。在每個幻想中，牠都瞥見滿足其欲望的可能，而去追求時，卻很快就大失所望了。每當快樂似乎就要到手時，牠卻冷不防地被從平和美麗的夢中喚醒，但饑渴又迫使牠不屈不撓、繼續不斷地幻想未來的滿足。失望的痛苦讓猴子對自己所做的美夢又愛又恨，牠被美夢迷住了，但美夢的不能成眞又令牠對美夢感到厭惡。

餓鬼道之苦，並不是苦在所求不得，而是苦在貪得無厭。如果猴子找到了大量食物的話，牠很可能連碰都不碰；不然就是通通吃光，還要更多。這是因爲基本上猴子所迷戀的是饑渴狀態，而不是饑渴的滿足。牠所有滿足饑渴的企圖都迅速遭到挫敗，以致牠能一再回到饑渴狀態。如此，餓鬼道的痛苦與饑渴，就像地獄道的瞋恚和其餘各道的偏見一樣，提供猴子精神寄託的有趣之事，可打交道的具體東西，或令牠自覺實存的事物。牠害怕放棄安全和娛樂，不敢踏入敞開空間的未知世界，寧可待在熟悉的牢獄，不管那有多令牠痛苦和鬱悶。

愚癡執著的畜生道

然而，就在猴子企圖實現美夢而屢遭挫敗時，牠開始變得有些怨恨，同時也有些聽天由命了。牠開始放棄強烈的渴望，進一步放鬆自己，對外界只作習慣性的反應。牠只依賴這一套反應，而不理會其他應付人生際遇的方法，以致侷限了牠的世界。狗總是碰到什麼就嗅什麼，貓總是對電視不感興趣，此即愚癡的畜生道。猴子無視於周遭環境，不肯探索新的領域，只是執著於熟悉的目標和煩惱。牠陶醉於自己安全、自足、熟悉的世界中，將注意力集中在熟悉的目標上，以堅定不移的決心去追求這些目標。因此，畜生道的象徵是豬，豬是鼻子下有什麼就吃什麼；豬從不左顧右盼，牠直來直往，說做就做。是否必須游過泥沼或面對其他障礙，對豬來說，全無所謂；牠只是奮力前進，面前有什麼就吃什麼。

理智的人道苦樂參半

但是猴子終於明白，牠能在苦樂中有所選擇。牠開始變得聰明一些，能夠分別苦樂的感受，而力求增樂減苦；此即分別心熾盛的人道。至此，猴子開始對所求的是什麼先加以考慮。牠變得更有識別力，能考慮各種可能，想得更多，從而希望和恐懼也相對增加；此即有熱情、有理智的人道。猴子變得更聰明了，牠不再只是攫取，牠還先行探勘、摸摸質地、比比貨色；一旦決定要什麼，就盡力抓過來據爲己有。例如，如果猴子想要的是一塊漂亮的絲料，牠會到不同的商店去摸摸各種絲料的質地，看看哪一種正是牠想要的。當找到完全合意或近乎滿意的絲料時，牠會邊摸邊說：「啊，這就對了。這不是很漂亮嗎？我看可以買。」牠於是付款，買回家去，向朋友炫耀，請朋友摸摸看，讓他們鑑賞那塊漂亮絲料的質地。在人道，猴子總是想著如何擁有令牠愉快的事物：「也許我該買個玩具熊陪我睡覺，買個可愛、讓人想抱、柔軟、溫暖、毛茸茸的東西。」

可是猴子又發現，牠雖有智，能操縱牠的世界，給自己帶來一些快樂，但牠無法保持快樂，同時也不能總是要什麼就有什麼。牠有老、病、死苦，遭受各種各樣的挫折與困難。牠的快樂總是有痛苦爲伴。

於是，牠開始十分合乎邏輯地推斷出天道的可能——完全無苦、只有快樂的可能。牠心目中的天道，也許是極端富有、極具權勢或享富盛名；不管牠想要世界怎樣，都一心去求取，全力競爭；此即嫉妒的阿修羅道。猴子夢想著優於人道苦樂的理想境界，總是想要達到那境界，出類拔萃。在不斷力求某種完美的奮鬥當中，猴子變得完全把心思放在衡量自己的進展和跟他人的比較上。由於猴子更能控制自己的思想和情緒，更能專一心志，因此比在人道時，更有效地操縱牠的世界。但牠老是一心想要成爲最好，一心想要主宰情況，以致有了不安全感和焦慮感。牠必須不斷奮鬥以控制牠的領域，克服一切對牠所獲成就的威脅；牠一直在爲擁有世界的主權而戰。

求勝的野心和戰敗的恐懼，不僅使牠感到自己還活著，同時也令牠煩惱。猴子經常忘了牠的最終目標，但仍被期求更好之心所驅策。牠被競爭與成就迷住了。牠找出那些似乎非其能力所能及、快樂動人的境界，想要把它們拉入牠的領域。當目標難以達成時，牠會畏縮不前，退出戰鬥，責怪自己沒有嚴格鍛煉，沒有更加努力。就這樣，猴子陷入了一個理想落空、責備自己、害怕失敗的世界。

天道妙樂，終有窮盡

最後，猴子也許達成了目標，成了百萬富翁、國家元首或著名的藝術家。達成目標之初，牠仍有不安全感；但牠早晚會覺察自己已經成功、已達到目的、已身在天道了。於是牠開始鬆弛下來，欣賞並回味牠的成就，把不如意事全都擋在心外。那是如催眠般的境界，是一種自然而有的定境，這種充滿喜悅和驕傲的境界即是天道。象徵性的說法是，諸天之身，乃光所成，他們不必為塵世的俗務煩心。如果他們想做愛，只要彼此互看一看、笑一笑，就夠了；如果他們思食，只要把心念轉向美景，就飽了。那是人類所期望的理想世界，一切得來毫不費功夫，自然且自動；在那裡的猴子，所聞皆妙音，所見皆華美，所感皆快感。牠已完成一種自我催眠，達到一種自然定境，將一切煩心或不順心的事都擋在心外。

接著，猴子又發現自己能超越天道的感官之樂及美妙事物，而進入無色界的禪那之境，或六道中最精緻之處。牠知道自己能獲得純粹的精神之樂，亦即諸樂中最微妙、最持久者；牠知道自己能以擴展牢房四壁到似乎併吞全宇宙的地步，來保持實「我」之感，從而戰勝無常和死亡。牠先沉思無限空間，注視無限空間——牠在這兒，無限空間在那兒，就這樣看著。牠把自己的成見加在世界上，製造出無限空間，並以此經驗安慰自己。下一步則是沉思無限意識，牠不再只是沉思無限空間，同時也沉思那感知無限空間之智。如此，「我」從其總部注視無限空間和無限意識。「我」的王國全面擴展，連中央當局都想像不出其領域擴展到什麼程度。「我」已成爲一隻巨大的野獸。

「我」擴展得太大，以致連「我」自己也開始弄不清領土的邊界了。每次「我」想確定邊界時，似乎總有部分地方漏掉。最後，「我」斷定其邊界是無法確定的。「我」的王國大得難以想像。由於它無所不包，故不能說它是此、是彼。於是「我」乃沉思非此非彼，沉思自己之無法構想或想像自己。但這種心態也終被超越；「我」領悟到這種認爲自己不可思議、無法想像的觀念本身就是一種構想。於是「我」又沉思非非此和非非彼。這種無可肯定的觀念，被「我」引以爲慰、引以爲榮、予以認同、加以利用，從而維持「我」的續存。這是迷惑的輪迴之心所能達到的最高定境和成就。

猴子已設法達到最高成就，但尚未超越成就之所依——二元對立的邏輯。猴子的牢房四壁仍堅固，含有細微的與己相對的「他」性。猴子可能藉著表面上與自己的投影合一，而獲致暫時的和諧、安寧及幸福；但全局是微妙的定局，是封閉的世界。猴子已變得像牆壁一樣堅固，達到「唯我獨尊」的狀態。牠仍忙著自我保全和自我提升，陷在對世界和對自己的固定觀念，仍把第五蘊——識的幻想當眞。牠的意識境界是基於定，基於對身外之「彼」的專注，所以牠必須持續不斷檢查和保持自己的成就。「到了天界我才鬆一口氣。我終於辦到了。如今我眞的把想要的拿到手。不過等一等……我眞的成功了嗎？啊！你看，對，我成功了。『我』成功了。」猴子以爲牠已得涅槃，其實牠所獲得的只是暫時的「唯我獨尊」而已。

這種定力早晚會耗盡，到那時，猴子便開始驚慌失措了；牠感到威脅、迷惑、易受傷害，而一頭栽進阿修羅道。但阿修羅道的焦慮和嫉妒強得讓猴子受不了，牠因而變得總是在盤算什麼地方出了毛病，於是牠又返回人道。但人道也很苦，使得牠不斷努力尋求答案，想弄清楚到底出了什麼事、出了什麼錯，結果卻只能增加牠的痛苦和迷惑。於是猴子逃離了人類的思維能力所產生的猶豫不決和批評眼光，而投入畜生道。在那裡，牠只是埋頭前進，不顧周遭環境，對走那些熟悉的窄路可能會危及自身安全的消息，裝聾作啞。但環境所發出的消息還是突破了牠的心防，使牠對現狀不滿，而渴望改善。懷念天道之情變得非常強烈，使得猴子更加致力於返回天道。牠幻想自己在享受天道之樂，但以幻想來滿足這種饑餓，只能讓牠獲得暫時的滿足，牠很快就又餓了。饑餓不曾間斷，牠終於被一餓再餓所產生的挫折感壓垮，而投入爲滿足其欲所作的更加激烈的奮鬥。猴子的瞋心之強，引起周遭環境的對等反應，從而致生火爆與懼閉的氣氛——猴子發現自己又回到了地獄。至此，牠已從地獄上天道，再從天道返地獄，足足兜了一圈。這種奮鬥、成就、失望、痛苦的不斷迴圈，即是生死輪迴，也就是二元對立的情結所造之業的連鎖反應。

猴子怎樣才能出離此一似無止境、自給自足的囚禁之環呢？有可能斷此業力鏈結、或輪迴的是人道。人道的智力和識別力，讓人有可能對整個奮鬥過程質疑。猴子可能質疑是否非跟什麼發生關係不可、是否非得到什麼東西不可；質疑牠所經歷的各種世界是否堅實。要想做到這一點，猴子必須發展出全面的覺知和超然的理解。全面的覺知可讓牠看見發生奮鬥的空間，從而看出其諷刺性和幽默性；牠不再只是奮鬥，同時也開始體會奮鬥及奮鬥的無用。牠訕笑自己過去的種種幻覺。牠發現不與牆壁對抗時，牆壁並不討厭，亦不堅硬，而實在是溫暖、柔軟和可穿透的。牠發現不必從五個視窗跳出，不需把四面牆壁拆掉，甚至不必考慮這些；牠可以從四壁任何一處大步通過，此即爲何慈悲被形容成「溫柔高尚之心」。慈悲是溫柔、敞開的溝通之道。

超然的理解所具有的清明和精確，讓猴子能從不同的觀點看待牆壁。牠開始明白世界從未在牠身外，明白問題完全出在自己的二元對立心態，也就是把「我」和「他」劃分爲二的心態。牠開始瞭解，是自己把牆壁弄得堅固，是自己的野心把牠囚禁起來。於是，牠開始覺悟，知道若想出離，必須放下脫逃的野心，必須如實接受四周的牆壁。

問：如果你從未眞正覺得必須奮鬥，從未到想要離開房子的程度，又如何呢？或許你有點害怕牆外的世界，而用四壁來保護自己。

答：情形總是如此：你若能跟四壁建立友好關係，就不再有囚禁你的四壁了。你雖很想有四壁爲護，四壁還是照樣消失。這是一種矛盾弔詭的情況：你越討厭牆壁，牆壁就越牢越厚；你越跟牆壁友好，牆壁就越會離你而去。

問：不知道苦樂是否也像好壞、對錯那樣以智區分。這種分別是出於主觀嗎？

答：我想，苦樂出於同樣的背景。一般而言，人們視苦爲壞，視樂爲好，以致樂被看作喜悅和靈性的福佑，而跟天道連結在一起；苦則讓人聯想到地獄。因此，如果你能看出排斥痛苦以便得樂、懼受極苦而奮力求樂之中的荒謬和諷刺，你會覺得這一切都很有趣。在人們對苦樂的態度中，缺少了一些幽默感。

問：您之前說過，我們幻覺出現象界，又想離開現象界。我的瞭解是佛法說現象界只是空性的顯現。既然如此，是要離開什麼？

答：問題是在「我」的感知中，現象界是非常眞實、勢不可擋、堅固的。現象界雖實爲幻覺之境，但對猴子而言，這種幻境是十分眞實和堅固的。從牠迷惑的觀點來看，連思想都是非常實在和具體。只說因爲色即是空、空即是色，所以幻境非有，那是不夠的。你去跟一隻神經質的猴子講講看就知道了。對猴子來說，色是堅實穩重之色。牠以色爲實，是因牠爲色所迷，不給其他看法留任何餘地。牠總是忙著鞏固自身的存在，從不留出空隙，所以牠不可能得到體悟，無法從其他方面和不同角度觀看情況。在猴子眼中，迷惑是眞的。你在做惡夢時，夢境是眞實的，非常可怕；然而，當你醒來後回顧那可怕的經驗時，又似乎只是一場夢而已。你不能同時採用兩種不同的邏輯。你必須看迷惑的全面，才能看破迷惑，而得見其荒謬。

四諦

在給具有好問、熱情、瞋恚等多種品性的猴子畫了一幅鮮活的肖像之後，我們現在可以看看牠會怎麼應付其所處的困境。

運用禪修來倒觀由識至色等五蘊，可讓人瞭解「我」和超越「我」。第五蘊的識發展到最後，便成了經常掠過腦中的那些神經質、不規則的思維模式。許多種不同之念都隨著猴子對六道的幻覺而起，如散漫的念頭、似蚱蜢般的念頭、似展覽般的念頭、似電影般的念頭。我們必須從此迷惑之點開始，而仔細看看佛陀初轉法輪所講的四諦，會有助於澄清迷惑。

瞭解四諦

四諦是：苦諦、集諦、滅諦和道諦。我們從苦諦談起，也就是說，我們必須先談猴子的迷惑和瘋狂。

我們首先要看苦的現實。苦的梵語是度卡（duhkha），意謂「苦難」「不滿」或「痛苦」。心生不滿是因為心在兜圈子，兜得似乎無始無終。思想連續不斷：想過去、想未來、想現在，因而有煩惱。思想被不滿喚起，同時也與不滿、痛苦一樣，經常不斷地感到我們生活當中缺少了什麼，總是有些地方不太對、不太夠。因此，我們總是想要彌補缺陷、整頓現狀，以便多得到一點安樂。持續奮鬥和憂心忡忡很能令人煩惱和痛苦。我們終於對做「我」一事有了苦惱之感。

因此，瞭解苦諦，實即瞭解心的神經質。我們受大力驅策，跑到這兒，跑到那兒。不管我們做什麼，無論吃、睡、工作或遊戲，生活中總是含有苦處、不滿和痛苦。享樂時怕失去樂，我們努力追求更多的樂，或試圖把樂保住；受苦時，我們想逃離苦。我們一直感到不滿，一切活動無不始終含有不滿和痛苦的成分。

不知為什麼，我們總是把生活安排得讓自己沒有足夠時間去實際品嚐人生的眞味。我們總是在忙，老是在搜尋下一刻，老是生活在取著之中。此即列為第一諦的苦諦。瞭解苦而面對苦，是第一步。

深深感覺到自己的不滿後，我們開始尋求不滿之因，尋找不滿之源。我們細察自己的思想與行為，從而發現我們是在以不斷的奮鬥來維持和加強自己。我們覺悟到這種奮鬥乃苦之根，所以想要瞭解奮鬥的過程，亦即瞭解「我」是怎樣發展和運作的。此即列為第二諦的集諦。

我們在討論修道上的唯物那幾章中，說過很多人都誤以爲「我」既然是苦之根，則修道的目的就一定是征服「我」和消滅「我」，他們力圖除去「我」的壓制。但如我們先前所發現的，這種努力只不過是「我」的另一種表現。我們轉來轉去，試圖以奮鬥來改善自己，直到我們覺悟到這種改善自己的野心本身，即是問題所在。只有當我們的奮鬥出現空隙、只有當我們不再想要止念、只有當我們不再以擁護虔誠的善念來對抗不淨的惡念、只有當我們讓自己僅看念的本性時，我們才能得到慧見。

我們開始明白自己心中有一種清醒的特質，而這種特質只有在我們不奮鬥的時候才會顯現，於是我們發現了列爲第三諦的滅諦——不掙扎奮鬥。我們只要放下爲保全和鞏固自己所作的努力，當下即是覺境。但我們不久便領悟到，逕行「放下」並不能持久，我們必須經由修行而抵達「放下」，我們必須走修行之道。我們必須讓「我」像一只舊鞋，在從痛苦到解脫之路上自行磨損。

因此，我們就來仔細看看修行之道或禪修，亦即列爲第四諦的道諦。禪修不是要進入恍惚昏迷似的心境，也不是想專注於某一特殊目標。在印度和西藏，都已發展出一套所謂禪修法，我們可稱之爲「集中注意」。那就是說，此禪修法是基於一心專注某一點，以便更能制心和專心。修習此法的人，選擇一物當作注視、思考或觀想的對象，將注意力集中在這上面；這樣做，他會勉強產生某種內心的平靜。我把這種修法叫做「頭腦體操」，因爲它並不想處理任何一種人生實況的整體；它全然是基於此或基於彼，基於有主體、客體，而未能超越二元對立的人生觀。

集中注意之弊

修行三昧之法則無此類的集中注意，這一點我們必須知道。集中注意的修法，大部分是在鞏固「我」。雖非故意要如此，但修行者還是會因心中有一特定目標和對象，而容易變得集中於「心」。我們從專注一朵花、一塊石頭或一個火焰而開始修，目不轉睛地看著，但在精神上我們儘量進入內心。我們想要加強所觀形色的堅實面，加強其穩定性和靜止性，但到頭來，這種修法可能是危險的——根據修行者意志力的強勁程度，會使其轉爲內向的，以致變得太嚴肅、太刻板、太僵硬。這種修法不能增進敞開和活力，也不能增進幽默感；這種修法太沉悶，很容易變成教條，也就是說，修此法者會視之爲強迫性的自律。我們認爲自己必須非常認眞及嚴肅，從而產生一種競爭的心態，以爲越能禁閉自心，就越算是成功；這是頗爲武斷、獨裁的做法。這種總是專注未來的思想方式，是「我」的習慣：「我想看到如此這般的成果。我有個理想和夢想要實現。」我們想要生活在未來，我們的人生觀有著期望達成某一理想目標的色彩。由於如此寄望於未來，我們失去了當下就能擁有的精確、敞開和明智。我們被理想化的目標沖昏了頭、迷瞎了眼，身不由己地跟著走。

「我」的競爭性，在我們所居住的唯物世界中很容易看出來。如果你想成爲百萬富翁，你首先是在心理上這麼做：你從想像自己是百萬富翁開始，然後力求達到那個目標。你朝那個方向驅策自己，不管自己有沒有能力成功。這種做法產生一種眼罩，讓你對目前的情況感覺遲鈍，因爲你過於生活在未來。在禪修方面，我們也可能採取同樣錯誤的做法。

因爲眞正的禪修是出離「我」之道，所以，第一點是不要過分地把注意力集中在未來的成覺之境。整個禪修主要是以此時此地的現狀爲基礎，而在此現狀上、在現有的心態上下功夫。任何與出離「我」有關的禪修，都是專注當下一刻。因此，這是一種很有效率的生活方式。如果你完全知道自己的現狀和周遭的情況，你就不會漏掉什麼。幫助我們如此了知的禪修方法，雖然有多種可用，但都是出離「我」之道。禪修方法有如給小孩的玩具，小孩長大後，玩具就丟了。當前爲了發展耐心和避免去夢想「修道的經驗」，而有使用方法的必要。你的整個修行，都應以你和現時的關係爲基礎。

生活中的禪

你不必強迫自己修禪，只要順乎其本然即可。如此去修，你自會有空間和通風的感覺，有這種感覺就表示佛性或根本明智正在穿破迷惑而出現。於是你發覺列爲第四諦的道諦——簡單平易。例如，走路時覺知走路，你先知道自己站著，然後知道自己的右腿提起、擺動、觸地、按下，接著是左腿提起、擺動、觸地、按下。有許許多多的細微動作，都是在一心生活於當下、此時、此地所能有的那種單純和靈敏當中進行的。

留心呼吸的修法也是如此。你知道氣從鼻孔進入，再從鼻孔出去，最後消失在大氣中。那是非常漸進、層次分明的過程，單純內含有高度的精確。行爲若是簡單，你便能發覺其精確。你開始明白我們在日常生活中所做的一切，無不美好而有意義。

如果你倒一杯茶，你會自覺地伸出手去、摸到茶壺、提起茶壺、倒出茶水。最後，茶水碰到茶杯，把杯斟滿，於是你停止倒茶，把壺放下，一絲不苟，宛若日本的茶道。你發覺每一精確的動作皆有其尊嚴，我們早就忘了行爲可以是簡單而精確的。我們生活中的一舉一動，都能含有單純與精確，因此也就能極具優美和尊嚴。

如果我們從單純與精確方面去看，交談的過程可以是優美的。在談語中的每一次停頓，皆可變成一種標點符號；說說、停停，說說、停停。優美的交談不一定是正式和嚴肅的；不慌不忙就是美，不粗聲疾言就是美。我們不必在侃侃而談當中突然停下來，賣個關子，爲的是要看看對方的反應。我們可以做得有尊嚴、有分寸，允許空間的存在。在交談中，空間跟講話一樣重要，你不必把言語、觀念、微笑一齊往對方身上堆，讓他吃不消；你可以留出空間，笑一笑或者說點什麼，然後停一停，再接著講，留出空間，加上標點。想想看，如果我們寫信不加標點會怎樣？那會亂成一團。你不必呆板刻意的留出空間，只要順乎自然的節奏就行了。

這種經由如用心覺知走路之類的修法，每一刻中得見現實情況中的精確，稱爲修止。修止屬於小乘、或持戒的窄道。止的意思是「安寧、寧靜」。有個關於佛的故事，講到佛如何教導一位村婦在從井中汲水時，發展這種念茲在茲的專注感：佛陀教她留心她的手和手臂在汲水時的精確動作。這種修法是要看清活動中的當下實況，此即爲何被稱爲「止」——發展平和寧靜。在你照見當下一刻之時，除了敞開與安寧，其他皆無存在的餘地。

問：可否請您在留出空隙方面多講一點？我明白您的意思，但我不懂空隙是怎麼來的，不懂如何留出空隙，怎樣「順乎其本然」？

答：其實這個問題，涉及到下一個講題。下一個講題是菩薩道或大乘的慈悲解脫道，亦即寬道。不過，從小乘的單純觀點來看，這個問題的答案是，無論發生什麼情況，我們都要十分滿意，而不從外界另求娛樂。通常我們講話並不只是爲了告訴別人什麼，而且還想得到對方的回應，我們想要對方也提供我們消息。這是非常自私自利的溝通方式。我們必須放棄這種貪求，如此則空隙自現。我們不能靠著努力去製造空隙。

問：您說我們在入道之前必須先有準備。我們不能猛衝進去，我們需要停一下。可否請您多談一談這項準備？

答：開始時，我們會覺得求道是一件美妙之事，可以解決我們所有的問題。我們必須超越這種希望與期求。我們可能會期望上師解決我們所有的困難，解開我們所有的疑惑。但當我們面對上師時，他並不眞的爲我們解決所有的問題，他留下很多問題讓我們自行解決，這種情形會令我們非常洩氣和失望。

我們有很多期望，尤其是當我們求道而陷入修道上的唯物時，我們預期靈修會給我們帶來安樂、智慧和救助。這種對靈修的膚淺、自私的看法，必須徹底改正。最後，我們一放棄所有成覺的希望，在那一刻，道即開始敞開。這就好像等人一樣，在你正要放棄希望，已經有了他來等於是做夢的想法，而認爲他根本不會來的時候，他卻出現了。修道也是如此。修道是耗盡一切期望，耐心是必須的。你不必過分強迫自己入道；等一等，停一下，不可太急於想要瞭解「實相」。我們首先必須看清求道的動機。如果我們以敞開的、不落「善」「惡」二邊的心態來修道的話，那就無須野心。

我們剛知道苦因爲何時，會有極強的求知欲。我們會力圖從苦中脫離，但如果我們太努力，修行之道就成了痛苦、迷惑的輪迴之道，因爲我們太急於想要自救。我們太急於求知，太忙著照顧希求修道有成的奢望，而不在入道之前讓自己自在，仔細看看整個過程。我們必須先有適當、充分的準備，不可匆忙入道。只需等候，等一等、看一看整個「求道」的過程，留一些空隙。

重點是，我們具有能照破迷惑的根本明智。想想那個富有創意的猴子之喻。猴子想要離開牢房，所以忙著試圖逃走，爬上爬下的察看牆壁和窗户。驅動猴子的大能力，即是驅策我們前進的根本明智。此智不像種子般需要培養，而像是從雲縫中射出光來的太陽。我們一留出空隙，便會突然自動地對如何修道一事有了自然的直悟，這是佛陀曾經有過的經驗。佛陀在跟多位印度大師學了多種瑜伽修法之後，覺悟自己不可能只靠修這些法成等正覺。因此，佛陀停下來，決心在自己身上如實下功夫，這是脱穎而出的本性。承認自己有此本性，是絕對必要的，這告訴我們，我們不是無可救藥之人；我們基本上並不壞，並不缺乏什麼。

問：我們怎樣在力求單純和體驗空間的同時，處理實際生活中的情況？

答：你要知道，爲了體驗敞開的空間，你還必須體驗世間形色的堅實，它們是相互依存的。

我們常對敞開的空間有不切實際的想法，以致落入陷阱。只要我們不把敞開的空間妄想爲奇妙之處，而把它跟世間連在一起，即可避開這些陷阱。若無世間的輪廓標出空間，我們便無法體驗到空間的存在。如果我們想爲敞開的空間畫一幅畫，必須借助於地平線才能表現出來。因此，我們必須回到日常生活的問題，回到最平凡實在的問題，這就是爲什麼要說日常行爲的單純和精確非常重要。你若感知敞開的空間，就應回到原來你所熟悉的那些讓你悶得可怕的生活狀況，更仔細深入地觀察，直到你發覺其堅實無稽，直到你見其本性的空廣。

問：我們怎樣應付等待期間的那種不耐？

答：不耐即表示你不瞭解整個過程。你若看清每一動作的全部，便不會感到不耐。

問：我有不安之念，也有平靜之念。這些平靜之念是不是我應該培養的？

答：在禪修中，一切念都一樣：虔誠之念、美好之念、宗教之念、平靜之念，這些全是靜滯之念。你不要試圖培養平靜之念，同時又壓抑所謂不安之念，這是有趣的一點。當我們談正法之道時，也就是談列爲第四諦的道諦時，並不是說我們變得宗教性的，平靜、善良了。力圖平靜和善良，也是奮鬥的一面，或不安的一面。宗教之念是監視者或裁判者，而迷惑的世俗之念則是演員或行爲者。例如，你在修禪時，可能念及庸俗的家事，這時便會有位監視者說：「你不該如此，你不該那樣；你應回到禪修上。」這些虔誠之念是靜滯之念，不該培養。

問：可否請您多談一點交談時的講、停並用，以及這種做法跟「我」有何關係？

答：當我們跟別人交談時，常被一種神經質的速度所驅策。我們必須開始讓自發性透入這種速度，以免向對方強行推銷自己，使得對方受不了。特別是當我們談自己非常感興趣的事情時，我們不只是跟對方講，簡直是往對方身上撲上去。自發性始終在那兒，只是被如雲的念頭所遮蔽。一旦念頭的雲層有了裂縫，自發性就照射而出。我們要觸及並接納這個初現的空隙；有此空隙，根本明智便能開始運作。

問：很多人都知道苦諦，但不追究第二步，去察覺苦的原因。這是什麼緣故？

答：我想，關鍵在於偏執狂。我們想逃，我們想逃離痛苦，而不把痛苦看作靈感之源。我們覺得苦已經夠糟了，何必追究其因？有些受大苦的人，因自知無法離苦，而眞正開始瞭解苦；但大多數人都太忙於擺脫煩惱，太汲汲於尋求娛樂，以致沒時間察看自己早就有了的東西。他們覺得察看會令他們難堪，這是偏執狂的心態；你若看得太仔細，便會發現可怕的事物。但是若要像釋迦牟尼佛那樣成爲全覺啓示之人，你必須要心胸開放、明智且好奇。你必須願意探究每一事物，即使是醜惡、痛苦或討厭的事物。這種科學的心態，非常重要。

問：在覺悟心中，何來動機？

答：覺悟的動機，來自於超越思想、念頭外的事物，來自於超越概念化的「善」與「惡」、「可欲」與「不可欲」之外的事物。有一種超越念頭之智，是我們的本性和背景，這是直覺的根本明智，是一種空間感，是一種具有創意、敞開來處理情況的方式。這種動機不屬理智，而是直覺的、精確的。

問：我們能藉由控制軀體的情況來修心嗎？

答：無論你如何處理生命的情況，總是有著心與物質之間的溝通，可是你不能僅靠物質上的小配備，或藉著操縱心外之物來避開心的問題。我們看到社會上有很多人就是想要這麼做：他們穿上僧服出家，過著非常刻苦的生活，把人類共有的習慣行爲都拋棄了，但最後他們仍必須對付自己的迷惑之心。迷惑起於心，所以我們必須直接從心下手，不要企圖繞過心去。如果你想用操縱軀體的方式避開心中之惑，我看是行不通的。

在人生之舞裡，物反映心，心反映物，兩者之間不斷往來。如果你拿著一塊石頭，你會感到石頭的堅實性，你必須學習如何跟石性溝通；如果你拿著一朵花，花瓣的形色也會跟我們的心理發生關係。我們不能完全無視外界象徵性的意義。

不過，在開始試圖面對我們的神經質時，我們必須採取非常直接的做法，不要以爲玩弄物質便可逃避內心的問題。譬如，一個像我們講過的猴子般心理不平衡、充滿了迷惑的人，即使我們給他披上佛陀的袈裟，或教他擺出坐禪的姿勢，他的心還是會胡思亂想。但過些時候，當他學會了定心，他就變成單純的猴子，到時再把他送到靜處去閉關修行，可能會有某種程度的效果。

問：當我看到自己心中的醜惡時，我不知道怎麼接受；我想躲避或改變，而不想接受。

答：你不必把它藏起來，不必改變。你要進一步研究它。你在自己心中看到醜惡，那只是你的成見。你把它看成醜惡，就表示你尚未擺脱「善」「惡」對立的觀念。不用說觀念，即使是「善」「惡」二字都是你必須超越的。你必須超越語言、文字和概念，直觀自己內心的實相，步步深入。初見的那一瞥，不夠；你必須看得仔細，不加判斷，不用語言、文字和概念，對自己完全敞開，即是對整個世界敞開。

菩薩道

我們已經討論過小乘單純而精確的禪修。留出空隙，留出讓事物可以如實存在的空間，我們便能開始眞正認識生活中顯然具有的單純和精確；這是禪修的起點。我們開始看穿列爲第五蘊的識蘊，突破散漫妄念所有的匆忙，突破我們滿腦子「胡思亂想」的雲霧。下一步就是在情緒上下功夫了。

散漫的妄念可以比喻爲血液循環：血液循環不斷供給我們全身肌肉所需的營養，散漫的妄念則供給我們情緒所需的營養。思想串連情緒、維持情緒，以致我們在日常生活中覺得心中各種念頭紛至沓來，夾雜著更精彩的情緒爆發。思想和情緒表示出我們對世間的基本態度，以及我們如何跟世間交往，同時也形成一種環境，一個供我們居住的幻想境界，這些「環境」即是六道。雖然個別之道可以象徵個別之人的心理狀態，但那個人還是會經常鬧著與其他五道相關的情緒。

大觀覺知，般若見道

若要探討六道，我們必須開始更完整、全面地去看情況，此即止觀之觀（vipashyana，巴利文：vipassana）。我們不僅要確知每一行動的細節，還要知道整體情況。「觀」涉及了對空間的覺知，亦即曉得精確的動作是在什麼氣氛中發生的。如果我們能看清自己行動的每一細節，這種覺知也會造成某種空間。對小規模情況的覺知，也會帶來對大規模情況的覺知，從而產生全面的覺知——大觀（mahavipashyana，巴利文：mahavipassana）。所謂大觀禪修，是覺知通盤模式，而不專注細節。我們開始看出自己的幻想模式，而不浸淫其中。我們發現無須跟自己的投影鬥爭，發現那座把我們和我們的投影分開之牆，是我們自己製造出來的。能透見「我」之無實性的，是般若或超然智慧。當我們瞥見般若，身心自安，因爲我們知道自己無須再維持「我」的存在了。我們敞開得起、佈施得起。能如此看出另一種跟自身投影相處之道，會令我們非常喜悅，此即初地菩薩的境界。我們進入了菩薩道、大乘道、敞開之道，具有熱情的敞開之道。

在大觀禪修中，我們與所觀之物間有著廣大的空間。我們知道有此空間，而此空間內無事不能發生。這裡所說的發生，不是相對地或對抗地發生在這兒或在那兒；換言之，我們不把自己那些概念化的想法、名稱及分類，強行加在感受上，而是直接體會每一情況中敞開的空間。如此，我們的覺知變得非常精確，而且包容一切。

大觀禪修的意思是還事物本來面目。我們發覺這用不著我們費力，因爲事物本來就是如其之本然。我們不必以還其本來面目的心態去看它們，它們當下即是本來面目。我們就這樣開始對敞開與空間有了眞正的認識，眞知自己有活動的空間，眞知自己無須力求覺知，因爲我們已有覺知。因此說大乘道是敞開之道或寬道，意味著虛心甘願讓自己覺醒，讓自己的本能天性發揮出來。

以前我們討論過留出空間，以便溝通，但那種做法不是刻意和自覺的。我們修大觀禪修時，不是僅看著自己與人交談，刻意留出空隙，刻意等一等，而可以說是在談話當中自有空間餘地。聽其自然，不再計較，不把「順其之本然」據爲己有，或據爲自己的創作。敞開、聽任、放下，於是覺境所有的那種自發性就出現了。

菩薩道中，六度萬行

《大乘經》講到三種人：完全準備好敞開、即將準備好敞開、具有敞開潛能的人。有此潛能者，是對敞開有興趣的聰明人，但他們不給此潛在的本性足以發揮的空間；即將準備好的人，心胸開放，但他們過分地監視自己；完全準備好的人，聽過「如來」這個祕密口令，「如來」意即：有人已經成覺了，有人已經得度了，那是敞開之道，那是可能的，那是如來道。因此，不管如何、何時、爲何，只管敞開。那是美妙之事，別人早已得證，爲何你尚未如此？爲什麼你要把自己跟其餘的如來分開？

「如來」（Tathagata）意謂「體證眞如（tathata）者」。換言之，如來這個觀念是一種啓示，是一個起點，讓我們知道別人早已圓滿成就，別人早已證得。這種「覺悟」、敞開、沉靜的智性本能，早就啓發過某些人。

菩薩道適合勇者，適於深信自心本具強大如來性者。眞正因爲「如來」之類的觀念而覺悟的人，即是修菩薩道者、修勇士道者，他相信自己有走完全程的潛能，信賴自己的佛性。「菩薩」的意思是「敢走菩提道者」。「菩提」的意思是「覺」或「覺境」，這並不是說菩薩必已完全覺悟，而是說他願行覺者之道。

菩薩道是由六種自發性的超然行爲或六度所合成。此六度是：超然的佈施、持戒、忍辱、精進、禪定、般若。這些善行，梵語名爲「六波羅蜜多」（the six paramitas，六度），因爲「波羅」的意思是「彼岸」，「蜜多」的意思是「到達」，「波羅蜜多」就是「到彼岸」，意指菩薩行必須有遠見，必須有不以自我爲中心的超然見解。菩薩不是力求美好和善，而是自然慈悲。

佈施

超越的佈施，常被研讀佛經的人誤以爲是善待不如你的人。某人有了苦難，你就居高臨下的對他施惠，這是非常簡單地瞧不起人的方式。菩薩並不是這樣，他的佈施不是這麼無情。菩薩的佈施是非常強而有力的，其佈施是交流溝通。

溝通必須超越苦惱，否則就像是想用荊棘鋪出一張舒適的床。具有穿透性質的外在形色、能量和光，會衝著我們而來，穿透我們溝通的企圖，如刺般扎破我們的皮膚。我們會想抑制這種強烈的苦惱，溝通也就因而受到阻礙。

溝通必須是放射、接收、交換。一有苦惱捲入，我們便不能正確、完全、清楚地看出對著我們而來所謂溝通的空間性，我們的苦惱會立即排斥外界，說：「不、不，這令我苦惱，走開。」這種態度完全是佈施的相反。

因此，菩薩必須體驗佈施的徹底溝通，超越苦惱，超越自衛；否則，我們一有被刺扎到之虞，便會有受到攻擊而必須自衛之感。我們逃離已經到手的大好溝通機會，甚至連看河的彼岸一眼都不敢。我們想退縮，想要臨陣脫逃。

佈施是願意給予，願意敞開而不懷哲學、虔誠或宗教的動機，只是在任何情況、任何時間，爲所當爲，不計後果。在公路上也能敞開，我們不怕被煙霧、塵埃，或人們的瞋恨、脾氣所淹沒。我們只是敞開、完全歸順、佈施；這就是說，我們不加判斷、不予評估。如果我們想要判斷或評估自己的經驗，如果我們想要決定應該敞開多少、繼續封閉多少的話，那麼敞開便毫無意義，而到彼岸或佈施度的想法也將落空。我們之所爲，什麼都超越不了，因此也就不再是菩薩行了。

度或超越的全部涵義，是看破有限的觀念或概念，看破「彼」「此」敵對的心態。通常我們看一件東西時，不讓自己看得正確；我們自動以自己的看法去看，而不眞正如實去看，結果令我們十分滿意，因爲我們所看到的是我們在自己心中閉門造車出來的。於是我們批評它、判斷它、接受它或排斥它，卻根本沒有進行眞正的溝通。

超然的佈施，是你有什麼就佈施什麼。你的行爲一定要完全敞開、完全裸露。你不必判斷，而是由受佈施者來表示接受——受者若還沒準備好接受你的慷慨，他們便不會受；受者若已準備接受，他們便會來拿；此即無我的菩薩行。菩薩不會神經過敏：「我是否犯了什麼錯？」「我是否不夠細心？」「我該對誰敞開？」菩薩從不偏袒某方。用比喻來說，菩薩會像屍體那樣躺著，讓人看著、檢查著，任由他們擺佈。這種高尚、徹底的行爲，不含一點僞善的成分，沒有任何哲學上或宗教上的判斷；此即爲何稱之爲超然，此即爲何稱之爲度或到彼岸。這種行爲眞美！

持戒

如果我們繼續看下去，看看六度中的持戒（梵文：shila）波羅蜜多，會發現通用於佈施的那些原則，對持戒也同樣適用。這就是說，持戒並不是把自己綁在一套固定的規律或模式上。原因是，如果菩薩是完全無我、完全敞開的人，那麼他便會按照敞開的原則行事，而不必遵循定規；他將只是自然地隨方就圓。菩薩不可能傷害他人，因爲他是超然佈施的具體化身。他已完全敞開自己，因而不分別「彼」「此」。他只是根據實相去做。從旁人的觀點來看，如果有人觀察菩薩的話，菩薩看來總是做得對，總是在適當的時間做適當的事。假若我們試圖模仿，結果一定辦不到，因爲菩薩之所以從不出錯，是由於他的心正確無誤。他絕不會碰到意外的麻煩，絕不會製造有害的混亂，他只是隨遇而安。遇到混亂的生活狀況，他也隨順參與，結果狀況總是會自行整頓，恢復秩序。我們可以說，菩薩能渡過河去，而不墮於激流之中。

如果我們根本不監視自己，而完全敞開來，如實地與情況溝通的話，我們的行爲便會是清淨、絕對、殊勝的；不過，我們若想努力成就淨行，我們的行爲便會是笨拙的。不管努力成就的行爲有多麼清淨，其中還是含有笨拙和僵硬。菩薩的情形是，他所有的行爲都是流暢的，一點也不僵硬，一切都恰到好處，好像經過了多年的策劃。其實，菩薩並不是先想後做，他只是單純地溝通。他從敞開的佈施開始，隨方就圓地進入情況。常用的比喻是：菩薩的行爲有如大象走路。大象不慌不忙，牠們只是慢而穩地走過叢林，一步接著一步；牠們毫無顧忌地昂首闊步，向前邁進；牠們從不跌倒，也不犯錯；牠們步步穩重、踏實。

忍辱

下一種菩薩行是忍辱。其實，六種菩薩行並不能嚴格劃分成個別的修法，每一種菩薩行都涉及並含有下一種。因此，六度中的忍辱，不是說要盡力自制、盡力勤奮、盡力成爲極能容忍之人，不顧自己身體或精神上的衰弱，一直不停地做下去，累死為止。忍辱不是如此，而是像持戒和佈施那樣，含有善巧方便。

超然的忍辱，絕不期求什麼；沒有期求，就沒有不耐。不過，我們在一生當中，通常都有很多期望，我們奮力追求，而這種行為多是基於衝動。我們一發現令我們興奮的美好事物，就拚命去追，而早晚會被推回來。我們越是向前推進，就越會遭到逼退，因為衝動是一種強大而無智慧的動力。衝動的行為，猶如無眼之人亂跑，猶如盲人試圖走到目的地。菩薩行則絕不會引起反彈。菩薩能適應任何情況，因他從不貪求或迷戀什麼。忍辱背後的動力，不是過早的衝動或其同類之事；忍辱行是緩慢、踏實、持續不斷的，一如大象走路。

忍辱也感覺到空間感。菩薩從不畏懼新的情況，因為沒有任何能讓菩薩吃驚的事物，完全沒有。無論何種情況到來，不管是毀滅、混亂、創造、歡迎或邀請，菩薩都不會感到不安或震驚，因為他覺知在情況與他自己之間的空間。一旦你了知有此空間，那個空間裡便無事不能發生；不管發生什麼事，都是發生在空間。沒有所謂相對或對抗的那種發生在「此」或「彼」之事。因此，在六度中，超然之忍辱的意思是：處世行雲流水，與世全然無爭。

精進

忍辱之後，我們可以到下一階段：精進（梵文：virya）波羅蜜多。這種精進的能量，能讓我們立即進入情況，不致錯過任何機會。換句話說，精進是歡喜，是歡喜的精進能量，寂天在其所著的《入菩薩行論》中，就指出了這一點。這種精進是歡喜，不是因爲覺得必須而努力工作時所有的那種精進；它是歡喜的精進，因爲我們對自己具有創造力的生活方式極感興趣。我們整個人生都因佈施而敞開、因持戒而開動、因忍辱而加強，如今，我們到了下一階段：歡喜階段。在此階段，我們眼中沒有無趣或停滯的情況，因爲菩薩的心胸極爲開放、極有興趣地去看人生。他從不評估；這並非說他成了一片空白。這不是說他沉緬於「高等意識」或「最高定境」，以致連日與夜、早餐和午餐都分不清了；這不是說他變得糊里糊塗。其實，他是因如實得見語言和概念所表達的價值，而能超越概念和評估。他看出我們所作的這些瑣碎區分都是一味同然。他從整體的觀點去看情況，因此能對實際人生深感興趣。

所以，菩薩根本不奮鬥，他只是生活。

入菩薩道時，他誓言在尚未協助一切眾生成覺或成佛之前，自己絕不成覺。他以這種高尚的佈施、敞開、犧牲為始，懷著對日常情況的高度興趣，從不厭倦生活瑣事地繼續行菩薩道；此即精進，歡歡喜喜的辛勤工作。了知自己不再想要成佛，了知自己現在有時間眞正生活，了知自己不再過分急進；此知之中，即有大精進。

有趣的是，菩薩雖誓不成覺，但因他是那麼精心和準確，以致他從無一刻虛度。他永遠活得徹底和充實，結果是他成覺了還不知自己身在何處。更奇怪的是，他在成佛之後依然不願成覺。那時，慈悲與智慧眞正爆發，加強了他的精進和信心。如果我們永不厭倦情況，我們的精進就是歡喜的精進；如果我們對人生完全敞開、完全醒覺，就絕不會有一刻沉悶。這即是六度中的精進。

禪定

下一度是禪定度（梵文：dhyana）。禪定有兩種，第一種是菩薩的禪定。於此定中，菩薩因慈悲精進，而不斷有著全面的覺知。禪定的本義就是「覺知」，或處於「覺」境；但這並非單指正式的禪修。菩薩從不追求出神、極樂或專注入定的境界，他只是如實地覺悟生活情況。他尤其知道禪定與佈施、持戒、忍辱、精進等的連續性。他經常有著「覺醒」之感。

另一種禪定是天道所修之定。天道的禪定與菩薩的禪定不同之處，主要是菩薩雖處理實際生活情況，但心無所住。菩薩於禪定中不建立中央權威，不監視自己的行爲或禪修，所以他的行動永遠是禪定，而他的禪定也永遠是行動。

般若

下一度是般若度，或「知」（knowledge）度。傳統上是用一把能斷諸惑的雙刃利劍來象徵般若。如果缺少了般若，菩薩即使已圓成其餘五度，也不算完全。佛經中說，其餘五度猶如流入般若大海的五條河流。經中還說，輪王、或宇宙君王，率領四種不同的軍隊去作戰；若無輪王領導，四軍便失方向。換言之，般若是智性，是佈施等善行都要進入和融入的基本模式。般若能突破那些對佈施、持戒等菩薩行所作概念化的解釋。菩薩的行爲雖能有條不紊、正確無誤，但是如果沒有般若、沒有斷諸疑惑之劍，則其行爲根本不是眞正超然。所以，般若是智性，是無所不見之眼，完全不同於「我」總是監視著自己做事。

菩薩將監視者或「我」，轉化成分別智，般若度。「般」的意思是「殊勝」，「若」的意思是「了知」，般若即是殊勝的知識，圓滿、準確、無境不照的知識。執著「彼」「此」之識一破，兩種般若即生，那就是能知的實相般若和能見的觀照般若。實相般若處理煩惱，它突破矛盾的情緒，亦即我們對自己的態度，而揭露我們的實相本然。觀照般若超越我們對世間的根本偏見，如實地去看情況，因此，觀照般若讓我們能儘量平衡地處理情況。只要有一點點分別「彼」「此」之傾向的覺知，就是般若所要截斷的。此即爲何說般若是雙刃利劍；它不僅斬「此」方，也斬「彼」方。菩薩不再有分別「彼」「此」的煩惱，他只是平順地通過情況，無須回頭核對檢查，因此說所有六度都是相互依存的。

問：您是否認爲禪定就是注意自己當下所爲，或是留心？

答：列爲第五度的禪定，就是覺知或留心。但是禪定度或任何一度，絕不能離般若而獨立。般若使得覺知的修行完全改觀，將它轉化爲不只是一心專注某一事物。有了般若，禪定即成爲對你所處整個環境的覺知。它也產生精確與開放，所以你時時留心，覺知自己所走的每一步，覺知自己的一舉一動。同時，這種精確、這種單純，還發展成對整個情況的全面覺知。因此，禪定不是沉思某一事物，而是覺悟整個情況，以及體驗事件的單純。禪定所修的不僅是覺知，因爲你若僅修覺知，就不能發揮出擴大修行所必須的直觀，以致覺知的對象就必須換來換去。

發展般若猶如學習走路。你可能需先發展對單一事物的覺知，然後再發展對二、三、四、五、六、乃至更多事物的覺知。但最後，如果你想走好，就必須學習把你的覺知擴大到涵蓋所處的整個環境，以致你能對同一情況中的諸事物有合爲一體的全面覺知。若要做到這一點，你必須不專注於任何事物，如此才能覺知所有事物。

問：如果你與他人不和，難以相處，該怎麼辦？

答：如果你很想溝通，而溝通也是佈施，那麼你就必須運用般若或智慧，找出不能溝通的原因。或許你的溝通是單向溝通，或許你不願聽對方講，或許你因極想溝通而把全部精力都放在溝通上，這是非常激烈的做法，會讓對方吃不消，使對方沒有反過來跟你溝通的餘地。當然，你完全是出於善意，但我們必須仔細看看整個情況，不能只是熱心地把什麼東西都丟給對方。我們也要學習從對方的觀點去看。基本上，我們必須提供某種空間和敞開的心境，意欲説服對方採納我們的想法，是一種很難抗拒的衝動；這種衝動，我們常有。但我們必須小心愼防，以免讓我們的溝通變得太霸道，而唯一避免的方法，即是學習如何提供空間和敞開的心境。

問：是什麼使得我們放棄欲望？

答：發現眞理，發現此一堅硬的事實：除非你不再想要成爲什麼，你就不能成爲菩薩。這並不是跟自己耍把戲，而是你非歸服不可，你必須眞正敞開和放下。一旦你瞥見歸服會怎樣，便得到鼓勵而想更上層樓，更進一步。一旦你略微看到一點覺悟的心境，哪怕只是瞬間一瞥，你就會極想努力修道。接著，你也領悟到，要想走得更遠，必須完全放棄走的念頭。菩薩道分爲十地和五道。到了最後一道的結尾或第十地時，你會突然瞥見自己即將產生覺悟的心境，即將與覺悟的心境一拍即合。但就在此時，你被什麼拉了回來。你隨即明白唯一絆住你的事，就是你必須放棄嘗試。這就是欲望滅盡的金剛喻定。

問：在日常生活中，不介意是跟厭倦連在一起的。如果一個人像菩薩那樣不介意，他會成爲植物嗎？

答：不介意並不是說變成石頭或死氣沉沉的人，他活力仍在。但在介意者眼中，如果我們有欲望或怒火而不將其發洩出來，卻保持冷靜，如果我們不將自己的活力化爲行動，我們便會感到沮喪、受騙和窒息。這是單方面對活力的看法。

活力根本不是僅表現於破壞或佔有。有的活力跟愛憎完全無關。這些活力是精確之能量、清明之能量、透視情況之能量，還有不斷生起的智性，可惜我們不讓自己去善加體驗。我們老是把活力看成破壞或佔有。其實並不僅僅如此。你若眞能如實地與現實接觸，便不會有感到無聊的時候。活力時時迸出火花，超越無明和純眞的單向道。

問：我們怎麼知道活力如何運用及用在何處？

答：由於你把情況看得很清楚，比以前清楚得多；由於你如實地去看情況，所以你知道活力如何運用和用在何處。從前你是把自己對現實的看法強行加在生活上，而未如實地看事物之本然；如今此障一除，你就看到了現實情況，於是你能正確、充分的跟情況溝通。你根本無須強迫自己去做什麼。你與情況不停的交流、共舞，這種關係有如太陽的照耀和植物的生長。太陽沒想造就植物，而植物只是反應陽光，其生長情況的發展，純屬自然。

問：自發地？

答：自發地。因爲自然，所以準確，就像太陽使植物生長的那種情形，非常科學，絲毫不差。你的動作之所以能變得精準，就是因爲自然。

問：情況有沒有需要侵略行爲的時候？

答：我不認爲有，因爲侵略通常與自衛有關。如果情況有其當刻性和精確性，就絕不會失控，你也就無須控制和自衛了。

問：我是在想基督把兌換銀錢之人趕出聖殿之事。

答：我不認爲那是侵略的行爲；那是非常漂亮的誠實行爲。基督之所以如此，是因他看清了當時的情況；他並沒有監視自己，也沒想要成爲英雄。我們需要那種行爲。（編註：

耶穌來到聖殿區域，把販賣牲畜和兌換銀錢的人都趕出去，並責備他們把聖殿變成了商場，一般習慣用「耶穌清潔聖殿」來稱呼這個事件。）

問：我們在平靜、無爲、來者不拒的心態，與有爲、分別的心態之間，如何過渡？

答：我想，主要是以不同的方式來看待。其實，我不認爲我們所過的日常生活，都像我們通常所想的那樣精準、靈敏。事實上，我們全然是迷惑的，因爲我們不是一次做一件事。我們做的是一件事，但心裡想的卻是許許多多其他的事，這使得我們的心很不清明。我們對日常生活的態度應該徹底改變。也就是說，我們應該讓能如實看事物之本然面目的洞見誕生。此洞見初現之時，可能相當模糊，隱隱約約，比起迷惑的黑暗，只是一點微光。但當此智性活動起來而更加銳利時，初現時的那種模糊便被推開而終歸消散。

問：如實去看事物，不需要瞭解能觀者，以及所觀之物嗎？

答：不需要。這是有趣的一點。你總得在沒有立場的情況中，才能如實去看事物。如實去看事物之本然，需要有一種跳躍，而你只能從無起跳處，跳此「一跳」。如果你從某處去看，就會感到有距離和有看者，所以你只能在沒有立場的情況中去看事物。這跟你不能品嚐自己的舌頭一樣。想想看。

問：您說只有在沒有立場的情況中，才能如實去看事物。可是佛經中卻談渡河去彼岸。能否請您對這一點加以說明？

答：這就像是一件自相矛盾的事，就如無起跳之處而跳一樣。佛經中的確講到渡河去彼岸，但只有在你終於了悟沒有彼岸時，你才能眞正抵達彼岸。換言之，我們旅行至「許諾之地」或彼岸，而到達後卻發現自己本來就一直在那兒，從未離開過。這是非常弔詭的。

空性

以般若劍截斷我們對世間的概念化見解之後，我們發現空性，或無性、虛空，其中全無二元對立，亦無概念化。關於這個問題，最著名的佛陀法教見於《般若波羅蜜多心經》。有趣的是，佛陀在此經中簡直未發一言，只在經末說聲：「善哉！善哉！」並微笑而已。佛陀製造出一種情況：由別人來講空性的法教，自己則不做實際發言人。佛陀沒有灌輸法教，但製造了能引起說法的情況，使弟子們得到鼓勵而去發現空性、經驗空性。說法的方式有十二種，此爲其中之一。

《心經》講到象徵慈悲與方便的觀世音菩薩，以及象徵般若或智慧的舍利子。此經的藏文譯本和日文譯本，皆與梵文原文有不同之處，但都指明是般若大力迫使觀音（菩薩）悟得空性。悟空之後，觀音便跟具有科學頭腦、求知一絲不苟的舍利子交談。佛陀的法教被放在舍利子的顯微鏡下，也就是說，這些法教不是靠盲目信仰來接受的，而是要經過檢查、實行、試驗、證明。

色空不二

觀世音菩薩說：「舍利子，色即是空，空即是色；色不異空，空不異色。」我們無須細述他們的對談，但我們可以仔細看看作爲《心經》主旨的這段講空與色的話。因此，我們應該對「色」這個名詞的意義有非常清楚和正確的瞭解。

「色」是尚未被我們概念化的實相，是「當下事物」的原狀，是各種情況中都有的亮麗、鮮活、動人、曲折、優美等素質。「色」可以是一片從樹上落在河面的楓葉，也可以是滿月之光、街道旁的排水溝或垃圾堆。這些都是「實相」，而且就某種意義而言，全是一樣：它們都是色，都是物，都只是實相之本然。對它們的評估，只是後來在我們心裡製造出來的。如果我們眞正如實去看，它們就只是「色」。

所以，色即是空。但是空掉什麼？空掉我們的成見，空掉我們的判斷。如果我們不評估落在河面的楓葉和紐約的垃圾堆，不把它們分爲對立的兩類，那麼它們就如實在那兒，展現本來面目。它們空無成見；它們就是它們，當然如此！垃圾就是垃圾，楓葉就是楓葉，「是什麼」就「是什麼」。如果我們在觀色時，不把個人的看法加在色上，那麼色即是空。

但空亦是色。這種說法簡直無法無天。我們原以爲自己已經把一切都弄得整整齊齊，我們原以爲成見一除，即得見一切「同然」。一幅美麗的圖畫於焉形成：我們所看到的，無論好壞，無不是好。好得很，而且很順利。但接下來是空亦是色，所以我們又得重新斟酌了。楓葉之空亦是色，它並非眞空；垃圾堆之空也是色。想把這些東西看作空的那種企圖，也同時給它們覆蓋了概念，色又回來了。認爲概念一除，無非實相，這種結論很容易下；但這種看法可能是一種逃避，是另一種自我安慰的方式。我們必須實際上如實體會事物，體會垃圾堆的堆性、楓葉的葉性、事物的「如是性」。我們必須正確地體會這些，不是只給它們覆上空性的面紗。光是覆上面紗，一點用也沒有。我們必須看出當下事物的「如是性」，完全如實看出事物未經加工的本性。如是觀世間，即是正確之觀。因此，我們首先要除去所有的嚴重成見，然後再連「空」這類難解的字眼都一併除去。讓我們空無所著，完全跟實相之本然打成一片。

最後，我們得到的結論是：色就是色，空就是空，這一點在經中被形容爲看出色不異空、空不異色；空色爲一不可分。我們看出尋找人生之美或哲學上的意義，只是爲自己找個藉口，說事物不像我們所想的那麼壞。事實上，事物就是像我們所想的那麼壞！色就是色，空就是空，事物就是事物；我們無須力圖以某種深奧的眼光去看它們。我們終於落實；我們如實去看事物。這不是說我們得到了啓示，看見了有著大天使、小天使和美妙音樂的神祕幻象；而是說我們看到事物的實相，看到事物的本來性質。所以這裡所講的空性，是全無任何概念或濾網，甚至連概念化的「色即是空」和「空即是色」都沒有。關鍵在於直接去看世間，而不希求「高等」意識、意義或玄奧。那是直截了當地去看事物的本來面目。

日常生活中的空性

我們可能會問，此一法教如何運用於日常生活中？有個故事說，佛陀首次講空性時，有些聞法的阿羅漢因受不了此一法教的衝擊，心臟痲痺而死。這些阿羅漢皆已證得空定，但他們仍住於空。只要他們還有所住，就有所證與能證。空性之理，講無所住，不分彼此，不掛在任何地方。

我們若如實去看事物，便無須進一步解釋或分析它們；我們不必把修道經驗或哲學思想硬加在事物上，以求瞭解。譬如一位有名的禪師曾說：「我吃就是吃，睡就是睡。」你做什麼，就全心全意做什麼。能如此，即是仙聖——如實之人，從不分別彼此的率眞之人。他如實做事，直來直往，想吃就吃，想睡就睡。佛陀有時也被稱爲大仙，他並不是力求如實，而是在敞開的境界中自然如實。

以上我們對空性的詮釋，是龍樹所創中觀宗的看法。這是對證得實相的一種描述，而證得的實相絕無法正確描繪，因爲語言文字根本不是證得經驗。語言文字或概念，僅能指出證得的部分情況。其實，連我們能不能說「證得」實相，都可質疑，因爲這麼一說，就意味著能證和所證是分開的了。最後，甚至連我們能不能談「實相」，也是問題，因爲這會意味著有一在實相之外、與實相分立的客觀知者，好像實相是有其侷限的可名之物。因此，中觀者只談「眞如」。龍樹寧願順著其他學派對實相的議論，分析他們的說法邏輯後見其謬誤，而不願親自提出對實相的任何定義。

常見、斷見、極微實有見

在中觀宗之前，哲學上有幾種主要研究眞理和實相問題的方法，都對後來中觀宗的發展有所影響。這幾種思想體系，不僅表現在早期的佛教宗派，同時也表現在有神論的印度教、吠陀教、回教、基督教，以及大部分其他宗教和哲學傳統。從中觀宗的觀點看來，這些異於中觀的看法，可以歸納爲三類：常見、斷見、極微（元素）實有見。中觀者認爲前二見全錯，第三見僅對了一部分。

這三種「對實相本性的誤解」中，第一種和最明顯的一種是常見。這種看法常是比較天眞的有神論所有。常見是認爲現象含有某種永恆的本質。物有生滅，但含一種不滅的本質。永恆存在性必須有所依附，所以，執常見者通常相信有上帝、有靈魂、有不可名狀的「我」。因此，他們主張確有堅實、持續、永恆者存在。有個堅實的東西可以攀緣和停駐，有個固定的方式去瞭解世間，以及瞭解自己與世間的關係，這會令人安心。

不過，執常見者終會對從未晤面的上帝和無法找到的靈魂或本質，感到幻滅。這又引起較複雜一些的下一種對實相的誤解——斷見。斷見主張一切事物皆出自奧祕之「無」。這種看法有時好像是有神論和無神論共同的主張：上帝不可知。太陽照耀大地，助長生命，供給光熱。但我們找不到生命的源頭，宇宙的生成沒有合理的起點，生命與世間只是虛幻之舞。事物都只是自發而生，不知出於何處。因此，在這種看法裡，「無」似乎非常重要，而

「無」即指顯然可見的現象之外的不可知實相。宇宙不可思議的生成，根本沒有眞正合理的解釋。執斷見者可能會說，人的心智無法瞭解此類奧祕。因此，在這種對實相的看法中，奧祕被視爲一種事物。沒有答案的看法，被信賴和視爲唯一答案。

斷見的看法引起宿命論的心態。你理解到：你做什麼，就起什麼反應。你看因果之相續，是一種你無法控制的連鎖反應，而這種連鎖反應出自奧祕之「無」。因此，如果你殺某人，那是你的業力所致，命中注定，無可避免。同樣的，如果你做善事，你做的時候是否清醒，毫不相干，一切都出自此奧祕之「無」。這是執斷見者的看法，也是非常天眞的想法，把一切問題都留給奧祕了。每當我們對那些超出概念的事物沒有十足把握時，我們就恐慌了起來。我們害怕自己的沒把握，而想用點別的東西來彌補這個缺陷。這個別的東西，通常是哲學上的信仰——在我們現在所說的情況下，就是相信奧祕。我們非常熱心、渴望地去尋求「無」，把每個黑暗的角落都搜遍了，但找到的只是些許碎屑，別無其他。「無」眞是不可思議。只要我們還不放棄尋求概念上的答案，就永遠會有奧祕存在，而這種奧祕本身即是另一概念。

無論我們是執常見者、執斷見者、或執極微實有見者，都是經常假定有一不爲我們所知的「奧祕」：生命的意義、宇宙的起源、幸福的關鍵。我們奮力追求此一奧祕，想要成為此一奧祕的知者或持有者，並為它命名，稱之為「上帝」「靈魂」「我」「梵天」「空性」等等。這當然不是中觀宗對實相的看法，雖然佛教早期的小乘宗派確實曾多少掉進了這個陷阱中，也就因為如此，那些宗派才被認為是只見部分實相。

小乘對實相的看法，是把無常看作一大奧祕：有生者必有變易及死亡。不過，無常本身不可見，可見者只是無常所現之色。因此，小乘行者是用空間中的極微元素和時間中的極微剎那來描述宇宙。他們就這樣成了執極微實有見的多元論者。小乘所證空性，是了悟色之無常和無實性，所以小乘的禪修是雙重的：修無常的多面向之觀——觀出生、成長、衰朽、死亡等的過程及其細節；修繫念一處之止，以見心行無常。阿羅漢觀心行及實物，而看出其為剎那生滅和元素生成，因此，他發現沒有獨立的永恆本體或實物。這種看法的錯誤，是在概念上仍有相對的個體或相對的彼此。

在幾乎所有世界上的主要哲學和宗教裡，我們皆可看到常見、斷見和極微實有多元論的不同組合。從中觀宗的觀點看來，只要我們追求一個假定問題的答案，探索所謂生命的「奧祕」，就不可能擺脫這三種對實相的誤解，任何信仰便都只是為此奧祕命名的一種方式。大乘學派中的瑜伽宗，想藉由找出此奧祕與現象界的合一，將此奧祕解開。

瑜伽宗的主力是認識論。對瑜伽宗來說，此奧祕是智性，即「能知」。瑜伽師解此奧祕的方法是，假定智性與現象合一而不可分。如是則無個別知者，而是一切「自知」。唯有「一心識」，瑜伽師稱之為「自明識」，內在的思想與情緒，以及外在的人與樹等，皆此「一心識」的不同面。因此在傳統經典中，瑜伽宗也被稱為「唯識」宗。

瑜伽宗是佛教學派中第一個超越能知與所知之分的。因此，瑜伽師說，惑與苦出自誤信有個別知者。你若相信自己能知世間，則此一心識便似乎分裂了，雖然實際上只是其清淨表面被弄髒而已。迷惑之人覺得他對外在的現象有想法、有反應，以致永遠陷在行動與反應的情況中而不能自拔。開悟之人曉得內在的思想與情緒，以及所謂的外界，全是「心識的遊戲」，所以開悟之人不會陷在有主有客、有內有外、有能知有所知、有自有他的二元論中，一切都是「自知」。

不過，龍樹駁斥瑜伽宗的「唯識」主張。其實，連「心識」本身的存在，他都質疑。他研究了十二卷《般若波羅蜜多經》，此經出自佛陀第二次轉法輪，是佛陀中年之教。龍樹的研究結論，概要即是「無住」，這也是中觀宗的主要原則。龍樹說，任何哲學之見都可加以駁斥，因此不應住於任何有關實相的解答或描述，不管是極端的還是適度的，包括「唯識」的主張。即使說無住是答案，也是虛妄的說法，因爲我們不可住於無住。龍樹之道，是一種非哲學之道，根本不是另一種哲學。他說：「智者亦不應住於中。」

中觀論是以批評的眼光來看瑜伽宗「萬法爲識」的唯識論。中觀宗所提出的理由是：「若要說有心識的存在，或說一切皆此一心識的遊戲，就必須有能觀識的人，或保證識之存在的知道識之人。」因此，全部瑜伽論皆爲此觀識者的見解。但從瑜伽師自己所主張的自明識來看，對客觀事物的主觀想法是虛妄的，因爲根本無主無客，沒有能觀與所觀，唯有一心識，連觀者亦是此識的一部分。因此，不能說有一心識存在。自明識猶如肉眼，不能自見；猶如剃刀，不能自割。瑜伽師也承認沒有知此一心識存在的知者。

那麼關於心識或實相，我們能說什麼呢？既然沒有感知心識或感知實相者，有「物」或有「色」的觀念即是虛妄；沒有實相，沒有感知實相者，也沒有從感知實相而產生的思想。對心識和實相之存在的感知一除，情況便清晰如實的出現。沒有觀者，亦無知者。實相如實存在，此即「空性」之義。有此慧見，將我們與世間分開的觀者也就沒了。

那麼，誤信有「我」及其整個神經質的過程是怎麼開始的？根據中觀者的說法，大致是：一感知到色，在不言而喻的理解形式（色）方面，當下起了迷戀和猶豫的反應。這種反應幾乎與看到同時，只需刹那即起。我們一認知所見爲何，下一個反應便是爲其命名，概念當然也就隨名而至。我們想把所見概念化，這就是說，此時我們已不再能如實去看事物。我們已製造出一種塡料、濾網或面紗，放在自己與所見之間。我們在禪修中及禪修後之所以不能保持不斷的覺知，原因即在此。此一面紗讓我們離開全面的覺知和禪修的境界，因爲我們一再地不能如實去看事物。我們覺得不能不命名、解釋、推想，致使我們更加遠離直接、正確的認知。因此，空性不僅是覺知我們爲何，以及我們和某件東西的關係怎樣；空性是清明，超越了概念的塡料和多餘的惑亂，讓你不再迷戀所見之物，也不再充當能見之人。那是彼此俱無，所剩下的是敞開的空間，其中全無有彼有此的二分法。這即是中道或中觀之義。

若不先努力通過持戒和修行方法的窄道，便不能經驗空性。剛開始時不能沒有方法，但到了某一階段方法便需漸退。從究竟的觀點來看，整個學習與修行的過程都是多餘的。我們可以一眼看出無我，但我們不能接受這麼簡單的事實。換言之，我們必須學習去掉所學。整個過程就是除「我」的過程。我們以學習處理神經質的思想和情緒爲始，然後經由瞭解空性或敞開性而除去錯誤的概念，此即空性的經驗。「空性」的梵語是「舜亞他」（shunyata），字面的意思就是「空」「空性」「空間」，空沒有任何概念化的心態。龍樹在所著的《中觀論》中說：「正如日光破除黑暗，大智者已降伏心之惡習。他既不見心，亦不見從心而衍生之念。」

完全敞開，完全勝利

《心經》的結尾是〈大明咒〉或眞言。藏文本說：「故此智度咒，是甚深慧見咒，是無上咒，是無等等咒，是除諸苦咒，應知其爲眞理，因其無有虛假。」此眞言的效能，不是出於某種想像的咒語神力，而是出於咒語的意義。有趣的是，《心經》在討論過空性：色即是空，空即是色，色不異空，空不異色等之後，接著又討論明咒。《心經》從禪定境界講起，最後講到眞言或咒語。這是因爲我們在開始時必須對自己的瞭解產生信心，清除一切概念；所有斷見、常見等信仰，都必須予以截斷和超越。當你完全暴露、脫除衣服、摘下面具、全副赤裸、徹底敞開時，你就在那一刻得見眞言之力了。當基本的、絕對的、終極的僞善被揭穿之後，你才能眞正開始看到閃耀光明的寶珠：敞開、歸服、捨棄等所具之活潑有力的素質。

這裡所說的捨棄，不只是拋棄，而是在拋棄一切之後，我們發覺了平和安寧所具有的活潑有力素質。這種平和不是軟弱的平和、軟弱的敞開，而是具有堅強的特性、無敵的、堅定的素質，因爲它不容許有僞善的缺陷。它是在各方面完全平和安寧，所以連些微容許懷疑和僞善的黑暗角落都沒有。完全敞開就是完全勝利，因爲我們無畏，所以我們根本不想自衛，故說〈般若波羅蜜多咒〉是大明咒。或許在你的預料中，此咒不應說：「揭諦揭諦，波羅揭諦，波羅僧揭諦，菩提薩婆訶。」而應說與空性有關之事，如：「唵，舜亞他，摩訶舜亞他」之類。但它卻說「揭諦揭諦……」：「去了，去了，去彼岸了，全部去彼岸了。」這比說「舜亞他」有力得多，因爲「舜亞他」（空性）暗指一種哲理意涵，然此明咒並不是表達某種哲學，而是開示超越哲學的東西，所以才說「揭諦揭諦」——「去了，放下了、除去了、敞開了。」第一個「揭諦」是除煩惱障，第二個「揭諦」是除所知障，也就是對實相的原始信仰。這就是說，第一個「揭諦」表示「色即是空」的觀念，第二個「揭諦」是指「空即是色」。接下來的咒語是「波羅揭諦」——「去彼岸了，完全暴露了。」至此，色即是色——「波羅揭諦」；同時不僅色即是色，而且空即是空，亦即「波羅僧揭諦」——「全部去彼岸了」。此明咒中的「菩提」是指「全覺」，意謂「放下了、完全摘下了面具、全副赤裸、徹底敞開」。「薩婆訶」是眞言結尾的慣用語，意思是說：「即是如此。」故此明咒是說：「去了，去了，去彼岸了，完全暴露了，徹底覺悟了，即是如此。」

問：欲望如何導致出生？

答：每次有欲望時，即有另一個出生。你種下欲，想做什麼，想執取什麼，於是想執取之欲又引起別的。此處，出生的意思是更多迷惑、不滿、欲望的出生。例如，你若急欲賺錢，結果賺了很多，你就會想用賺來的錢買點什麼。一件事導致另一件事的連鎖反應因此而起，以致欲望變成了一種欲網。你不斷地想要得到什麼，不停地想把什麼拉過來據爲己有。

經驗空性，精確的明見實相之本然，即能截斷此一有如蜘蛛網的欲網，因爲欲網是在欲望、渴想的空間所織成，而當欲望的空間被空性的空間所取代時，整個概念化的欲望模式即被根除，你就好像是到了不同空氣的另一個星球，一個根本沒有氧氣的地方。空性如此提供新的氣氛、新的環境，一個對執著或取著不予支持的環境。因此，經驗空性，便不會再種業因，故說空性生諸佛，爲諸覺者母。「覺悟」意味著不捲入業的連鎖反應，不涉及業的任何糾葛。

問：我們中間爲何有這麼多人不想如實去看事物？

答：我想主要是因爲我們怕看到事物的實相。

問：我們爲何怕見實相？

答：我們想要有與「我」相連的臍帶，以便隨時有吃有喝。

問：這種對「空即是色」的了悟，是藉由禪修法獲得，還是只能自然而有？

答：空性不是做頭腦體操即可得見，你必須實際去「看」。你可在坐禪時得見空性，也可在生活情況中得見空性，沒有固定的產生空觀的模式。就以那諾巴這位偉大的印度瑜伽士而言，他是在上師脫下草鞋、用草鞋打了他一記耳光時，得見空性的。他之得見空性，就在那一刻。這要視個人的情況而定。

問：這麼說，空性便不是可尋求的了？

答：如果你眞的熱心，眞的致力於發現空性，全心全意想要瞭解空性，那麼你就得放棄尋找空性。

問：我覺得難以調和空性的概念和當下現實的情況。

答：你證得空性之後，並不是說你就不再看了，不再生活在世間了。你還是在世間生活，但你把世間的事物看得更精確。我們自以爲了知事物的實相本然，其實，我們只看到自己對事物的看法，所以我們所見並不完整。人生眞正的微妙之處，還有很多是我們要學的。我們所見的事物，只是實相非常粗糙的版本。證得空性，並不是說整個世間都融入空間，而是說你開始注意到空間，感覺到空間不再是那麼擁擠。例如，我們若要與人溝通，可能會事先準備好用什麼話讓他鎮靜下來，或用什麼話向他說明。可是見到他時，他卻有那麼多的煩惱，說了那麼多的話，以致你還沒弄清自己在哪兒，就完全被他搞糊塗了。你跟著他一起糊塗，而失去了自己原先準備好的清明，完全陷入他的迷惑之中。空性意謂看穿迷惑，所以你隨時隨地都保持精確與清明。

問：證得了空性，你還活在世間嗎？

答：當然！你要知道，成覺不是死去；否則，成覺便成了一種自殺，豈不荒謬可笑。那是執斷見者的看法，因為他們想要逃離世間。

問：成覺之人無所不知嗎？

答：這恐怕是根據瑜伽宗的唯識論所作的錯誤推斷。唯識論也見於其他宗教或哲學傳統。那種看法是，成覺之人已與「一心識」合一，因此對過去、現在、未來無所不知。人一捲入不可知的奧祕之中，就永遠會有此類狂想。但實際上恐怕沒有所謂「一心識」之類的東西。

問：我們應怎樣開始看實相？

答：不開始，放棄有個開始的想法。我的經驗是，你若想確定某一特殊領域，你就不會看到空性。你必須完全放棄領域的觀念。這是辦得到的，並非不可能。這不只是哲學上的推想。你能放棄領域的觀念，你能不開始。

問：長久努力以致筋疲力竭而放棄，也屬於不開始嗎？我們能不試就放棄嗎？有沒有捷徑？難道那隻猴子非要經歷撞牆和幻覺的整個過程不可嗎？

答：我想我們必須如此，因為頓悟只在筋疲力竭時才有。其頓然發生並不一定是指有捷徑。在某些情況下，人們可能偶有瞬間的開悟經驗；但他們若不修行，他們的習慣想法還是會恢復，心中仍會再度擁擠雜亂。你非修行不可，因為如你所說，就在你開始失望的時候，你成功了。

問：這似乎是回到持戒的小乘道了，是嗎？

答：是的，禪修是辛苦的工作，可說是勞力的工作。

問：一旦開始，就似乎有事可做了？

答：有事可做，但同時不管你做什麼，都只跟當下有關，而不是與未來的達成目標有關，這又把我們帶回禪修。禪修不是開始入道，禪修是了悟自己已在道中，完全生活在當下一刻——當下、當下、當下。你不是眞的開始，因爲你從未眞正離開道。

問：您說成覺之人不爲業鏈所縛。我想知道您的意思是什麼，因爲在我看來，他們似乎又造成一種新的業鏈。

答：「業」這個字的意思是「造」或「作」，亦即連鎖反應。例如，我們望著未來，而於現在下種。成覺之人不計畫未來，因爲他們沒有保全自己之欲，不再需要知道未來的模樣，他們已降伏對「未來」的預料，完全活在當下。當下即含有未來的潛能，也含有過去的潛能。成覺之人已完全控制了不安和偏執的心行，完完全全生活於當下，因此也就不再種業因。當未來降臨時，他們不把它看作過去善行之果，而視之爲始終都在眼前當刻，因此他們不再製造任何業的連鎖反應。

問：「醒著」跟完全生活於當下有分別嗎？

答：有。「覺」是當下醒著。例如，動物生活於當下，嬰兒也生活於當下，但那與醒或覺很不相同。

問：我不太懂您說畜生和嬰兒生活於當下的意思。那種生活於當下跟成覺之人有何不同？

答：我想問題在於專注某事某物，跟眞正「醒著」生活於當下的差異。嬰兒或畜生生活於當下，但也專注當下。嬰兒或畜生因專注當下而得到回饋，雖然這種注意可能不是有意的。覺者的情形就不同了，他不是老在想著「我是覺者」，因爲他已完全超越「我是」的觀念。他只是身心俱在，全然醒覺。能所或主客之分，已完全被他超越了。

問：如果覺者無我，雖感覺得到周遭人的愁苦，但不一定自覺愁苦，那麼您是否認爲覺者願意幫助他人解決困難，也是「欲」？

答：我不認爲如此。當你想看到某人快樂時，你就有欲。那個人快樂，你也覺得快樂，因爲你爲了讓他快樂而做的一切，就某種意義而言，都是爲了你自己做的，而不是爲那個人做的。你「想」看他快樂。覺者沒有這種心態。無論何時有人需要他幫忙，他就幫忙，其中不含自滿或自讚的成分。

問：您爲何稱這裡的道場爲「噶瑪藏」（Karma Dzong）？

答：「噶瑪」的意思是「業」，也是「佛行」；Dzong是藏語，意思是「堡」。這裡的情況都是自動出現，而不是事先設計好的。情況不斷地發展，十分自然地發生。同時，在此道場中似乎有著極大的活力，「噶瑪」也可說是如此。此活力是不受任何人誤導的活力，是在堡內的活力。所有發生之事都是必須發生的。「噶瑪藏」是自然隨順業緣的道場，不是傳教或勸人改信佛教的機構。

問：您怎樣把三昧和涅槃與空性的概念連在一起？

答：很難以語言文字來談論這個問題。這不是有何不同的問題，而是重點有何不同的問題。三昧是完全投入，涅槃是解脱自在，兩者皆與空性有關聯。當我們經驗空性時，我們是完全投入，沒有能所或主客的二元對立，同時也沒有迷惑。

般若與慈悲

在討論空性時，我們發現我們是把自己的成見、觀念和對事物的看法強加在現象上，而不是如實去看事物。一旦我們能看穿自己的成見之障，就會明白那是不必要的迷惑做法，也就是在經驗上加上把柄，卻未考慮到合適與否。換言之，成見就是一種保證。當我們看到某物時，便立即加以命名和歸類。但色即是空，事物無須我們用分類的方式令其本性俱現，或讓其如實存在。色的本身是空無成見。

但空亦是色。這是說在此解悟的階段，我們太著重見到色之空無成見。我們想要證得這種慧見，好像見色爲空是一種我們能強令自心辦到的事。我們尋找「空」，以致空也變成了物或色，而不是眞空。這是野心太大所造成的問題。

因此，下一階段是要我們放棄想要見色爲空的野心。此時，色才眞正從我們成見遮障的背後顯露出來。色即是色，是不含任何哲學意味的赤裸之色。空即是空，沒有可攀緣者。我們已發現了不二的經驗。

儘管已經證得色即是色、空即是空，我們對自己這種了知不二的慧見仍在評估，還是有著能知之感，或能證此慧見之感，依然有著除去了什麼或什麼不在了的覺知。我們隱微地住於不二。此時，我們進入大乘道與密乘道之間的過渡期。在此期間，般若是持續的經驗，慈悲不再是有意的了；但仍有一些自覺，仍有一些看到自己的般若與慈悲之感，仍有一些查核及評估自己的行爲之心。

我們在講菩薩行的時候談過，般若是一種非常清明、精確、有智的境界，具有敏銳的特質，能穿透和揭露情況。慈悲是敞開的氣氛，在此氣氛中，般若能見一切。慈悲是對情況敞開的覺知，能依般若眼之所見而發起行動。慈悲具有大力，但必須受般若明智的指揮，就像般若需有慈悲基本的敞開氣氛一樣，兩者必須同步而行。

無畏而溫暖的慈悲

慈悲含有基本的無畏，毫不猶豫的無畏。這種無畏是以慷慨佈施爲其特色，不是那種欺凌別人的無畏。這種「慷慨的無畏」是慈悲的本性，超越自我的動物本能。「我」想要建立自己的地盤，慈悲則是完全敞開和歡迎光臨，那是佈施的姿態，接納一切。

當你在禪修中不僅體驗到寧靜平和，而且體驗到溫暖時，即是慈悲開始參與了。那時你深感內心溫暖，從而產生一種敞開和歡迎的態度。當此溫暖之感生起時，你不再憂慮或害怕外在的因素會妨礙禪修。

在禪修中發展出來的這種本能的溫暖，也擴及到禪修之後的覺知經驗。有了這種眞正的覺知，你便不能把自己跟自己的行爲分開；想分開也不可能。如果你一方面力求專注自己的行爲，如泡一杯茶或任何日常生活中的活動，同時又力求覺知，那麼你就是生活在夢裡。如西藏的一位大師曾說的：「想要把覺知和行爲硬合在一起，就像力圖使油與水融和一樣。」眞正的覺知必須是敞開的，而不是小心謹愼或防護性的。這是開放的心態，能體驗情況中敞開的空間。你也許正在工作，但覺知也能配合你的工作而運作，這就是修習慈悲與禪定。

一般而言，我們的生活中沒有眞正的覺知。我們專注自己所做之事，其餘的環境則被我們忽略，或被擋在心外。但慈悲與般若的善力是敞開和有智的、鋒利和敏銳的，能令我們具有全面的人生觀，以致我們不僅看到特定的行爲與事件，同時也看到其所處的整個環境，從而產生與他人溝通的適當情況。在與他人交際時，我們不僅要知道他們在說什麼，同時也要敞開接納他們個人的全部風格。一個人說出來的話和露出來的笑容，只是他所要傳達的一小部分。他整體的表現、會晤我們的態度，也同樣重要，而且遠比單獨的言語更能示意。

兼具般若與慈悲的善巧方便

既有般若又有慈悲的人，他的行爲非常巧妙，而且散發著極大的能量。這種巧妙的行爲被稱爲「善巧方便」。此處的「善巧」，不是指迂迴邪曲或外交手腕。善巧方便只是針對情況，應運而生。一個人若是完全敞開，他對生活的反應將是極爲直接的，甚至從傳統的觀點來看，還會是率直得無禮的，因爲「善巧方便」絕不胡扯。「善巧方便」如實揭露情況，如實應付情況：它是極其巧妙和精確的能量。如果我們的掩飾和面具猛然被此能量掀掉，便會覺得非常痛苦，那會令我們覺得困窘，因爲我們會發現自己全身裸露，一絲不掛。在這種時候，般若與慈悲無禮的率直性所表現的敞開與直接，會顯得冷酷無情，鐵面無私。

傳統的想法是，慈悲就是親切熱情。這種慈悲在經典中被稱爲「祖母之愛」。你可以想像得到修行這種慈悲的人一定非常親切溫柔，連一隻跳蚤都不會傷害。如果你需要另一個面具，或另一條毯子保暖，他會給你。但眞正的慈悲，從「我」的觀點來看，是無情的，因爲它不考慮「我」的力求自保。眞正的慈悲是「瘋智」（crazy wisdom），徹底聰明，但也狂放，因爲它不跟「我」那一心一意求取自身安適的企圖打交道。

「我」的合理之聲勸告我們要善待他人、做個乖孩子、過質樸的日子。我們從事固定的工作，租用舒適的房間或公寓；我們本想這樣生活下去，但突然出了什麼事，硬把我們拉出了那個安穩的小窩。不是我們自己變得非常沮喪，就是有異常痛苦的事發生。我們開始懷疑上天爲何如此不仁，「上帝爲何要懲罰我？我一直是個好人，從未傷害過誰。」但人生不是那麼簡單。

我們想要鞏固什麼？我們爲何這麼擔心自身的安全而力圖自保？無情的慈悲突然爆發的能量，將我們與我們的安適及安全保障切開來。假若我們永不遭到這種震撼，我們便無法成長。我們必須被震出那種有規律的、重複的、舒適的生活方式。禪修的目的，不是只做個傳統所謂明哲保身的老實人或好人，我們必須在心地上轉變成慈悲與有智的，敞開自己，與世界之本然如實對應。

問：能否請您談談愛和慈悲的根本差別，以及其彼此間的關係？

答：愛和慈悲是含糊的名詞，我們可以用不同的說法來詮釋。一般而言，我們的生活態度是取著，想要依附各種情況，以便獲得安全。我們也許把某人看作自己的小孩；另一方面，我們也可能喜歡自視爲無助的嬰兒，而跳到某人的膝上求抱。此膝可能屬於個人、機構、社團、老師、或如父如母的人物。所謂「愛」的關係，通常是採取這兩種模式之一：不是我們被別人餵養，就是我們去餵養別人。這是錯誤、走樣的愛或慈悲。付託的衝動似乎很強，我們想要「有所屬」，想做某人的小孩，或想要他人做我們的小孩。個人、機構、制度或任何事物，都可能成爲我們的小孩，我們會養育他、餵他奶、促進他的成長；不然就是機構做偉大的母親，不斷哺餵我們。若無此「母」，我們便活不下去。這兩種模式適用於任何能令我們愉快的生命能量。它也許是簡單得如點頭之交，也許是我們想做的令人興奮之事，也許是複雜得如結婚或選擇職業等等。我們不是想控制那種興奮或人情，就是想成爲那種興奮之情的一部分。

不過，還有另一種或第三種愛和慈悲。你是什麼人，就做什麼人。你不把自己縮小成嬰兒，也不要別人跳到你的膝上求抱。你在世間和生活中，只做眞實的你。你本身若能如此，外在的情況自會如實呈現。這麼一來，你就能直接、正確的與之溝通，而不會耽溺於任何一種胡扯，或任何一種情緒上、哲學上或心理上的闡釋；這第三種方式是平衡的敞開與溝通之道，自能留出極大的開創空間，或可共舞和交換的餘地。

慈悲意謂不玩僞善或自欺的遊戲。譬如，我們若有求於某人而對他說「我愛你」，常是希望能引誘他進入我們的領域，加入我們這一邊。此種以勸誘使其歸附爲目的之愛，是極爲狹窄的。「即使你恨我，你也該愛我，因爲我的心中充滿了愛，我愛得飄飄然，完全陶醉於愛！」此話怎講？意思就是，對方應進入你的領域，因爲你說你愛他，你不會傷害他。這種愛大有問題。凡是有點頭腦的人都不會受此類策略所誘惑。「你若眞愛現實的我，爲什麼要我進入你的領域？究竟爲什麼有此種領域與要求的問題？你想要我的什麼？我怎麼知道一旦我進入你那『愛』的境界，你會不會支配我，會不會用你對愛的強求，製造出封閉得可怕的情況？」一個人的愛若牽涉到領域，別人便會懷疑其鍾愛和慈悲的態度。我們怎能確定爲我們所設之宴沒有下毒？這種敞開是來自一個以自我爲中心的人，還是完全敞開的人？

眞慈悲的基本特色是沒有偏限的純粹、無畏地敞開。沒有對鄰居友愛親切的必要，也沒有對人和藹講話及裝出可愛笑容的必要。這種小把戲用不上；其實，這樣反而會令人困窘。眞正的敞開可就大多了，那種敞開的規模之大是革命性的、全面性的。慈悲意謂你如實做個成年人，但仍保持一種純眞的品質。在佛法中，慈悲的象徵就是我講過的，一輪月亮在天空照耀，月影則反映在一百個水碗之中。月亮並未要求說：「你若對我敞開，我就幫你個忙，把光照在你身上。」月亮只是照耀。重點在於沒有利益他人或令他人快樂之欲，不涉及聽眾，無「我」無「人」。那是敞開的施捨，是沒有「施」「受」相對觀念的圓滿佈施。此即爲基本慈悲的敞開，敞開而無所求。你只做如實的你，做情況的主人。如果你能如此而存在，生命力便會在你四周流轉，在你體內暢通。這會帶你進入與人合作與溝通的情況，當然也就需要極大的熱情和敞開。如果你能做眞正的自己，你便無須盡力做個好人、信士或慈悲之人的那種「保險單」了。

問：這種無情的慈悲，聽來殘酷。

答：傳統上對愛的看法，像是一位極爲天眞的父親，想要幫助子女滿足所有欲望。爲了讓子女快樂，他可能什麼都給，包括錢、酒、武器、食物等等。不過，還有另一種父親，他不僅盡力讓子女快樂，同時也致力於子女基本的健康。

問：爲什麼眞正慈悲之人會跟佈施有關？

答：那不僅是佈施，也是敞開，跟他人往來。那是如實承認他人的存在，而非懷著對舒不舒服的固定成見跟他人往來。

問：無情的慈悲是否含有相當大的自欺之虞？有人可能自以爲表現無情的慈悲，而實際上他只是發洩內心的瞋恚。

答：一點也沒錯。我之所以直到現在才提出無情的慈悲，就是因爲有此危險。現在我們已經討論過修道上的唯物和一般的佛道，已經打下理解的基礎。在我現在所講的這個階段，修學者若眞的修行無情的慈悲，他一定是早已下過極大的功夫：禪修、研究、截斷、發覺自欺和幽默感等等。一個人在經歷了這個漫長、艱難的過程之後，下一個發現便是慈悲與般若。在尚未多聞多修之前就試圖修行無情的慈悲，是極端危險的事。

問：一個人或許可以逐漸成長而達到某種敞開或對他人慈悲的境界，但是他接著又會發現，即使是這種慈悲，也依然是有限的，仍是一種模式。我們永遠要靠敞開才能成就嗎？有沒有任何其他辦法可以保證我們不是在自欺？

答：這是很簡單的。我們若是自欺，便會在開始時即有著我們自動跟自己達成的某種協議。每個人一定有過這種經驗。例如，我們若言過其實的對某人講話，在開口之前，我們便會對自己說：「我知道自己誇大，但我想讓他相信。」我們老是在耍這種小把戲。因此，答案是我們要眞正在問題的核心上下功夫，那就是對自己誠實，對自己完全敞開。對別人敞開不是問題所在。我們越對自己敞開，就越能對別人敞開。我們確實知道自己何時自欺，但我們力圖對自己的自欺行爲裝聾作啞。

密績

菩薩在以般若之劍切斷了固著的概念之後，了悟「色即是色，空即是空」，此時，他能極為清明和善巧地應付情況。當他仍繼續在菩薩道上向前邁進，他的般若與慈悲加深了，他對智性和空間，以及對平和安寧的經驗感受，也都更大了。這裡所說的平和安寧是不可摧毀的、具有大力的。除非我們內心含有無敵的平寧素質，我們便不會有眞正的平寧；軟弱或暫時的平靜，隨時可能動搖。如果我們天眞的力圖親切平寧，那麼一遇到不同或意外的情況，我們的平寧之感就會受到干擾，因為那種平寧沒有力量、沒有性格。所以，平寧必須是穩定的、根深柢固的、堅實的，需有大地的特質。如果我們具有執「我」的勢力，便會運用那種勢力，當作工具去破壞別人。但作為菩薩，我們不用力量害人，我們只是保持平寧。

我們終於抵達菩薩道的第十或最後階段：空性之死與「明性」之生。空性的經驗消退了，色的明性顯露出來。般若轉成若那（jnana，智），但智仍被當作外在的發現來體驗。這就需有金剛喻定的強震，才能使菩薩進入「成」智而非「知」智的境界。此即菩提或「覺」的時刻，也是進入密續的時刻。在覺境中，能量的亮麗特質變得更加鮮明了。

如果我們看到一朵紅花，不僅在看到它的時候，心中沒有「我」的糾結，沒有名色的成見，而且還能看見那朵花的光彩。在我們與花之間所形成的迷惑濾網，若被突然除去，空氣自會變得十分透明，我們之所見也就非常正確和清楚了。

大乘發展般若，密續運用能量

大乘的基本法教與發展般若有關，密續的基本法教則與運用能量有關。在《金剛鬘事瑜伽密續》（*Kriyayoga Tantra of Vajramala*）中，能量被形容爲「住於所有眾生之心者，自生單純性，維持智慧者。這種不能破壞的本質是大樂的能量，遍一切處，有如虛空。此即無住法身。」依此密續，「此能量是覺知現象界之根本明智的維持者。此能量促進覺悟的心態，也促進迷惑的心態。它不斷前進，所以不能被摧毀破壞。它是迷惑境界的情緒與思想的原動力，也是覺悟境界的慈悲與般若的原動力。」

若要運用此能量，瑜伽士必須先從歸服過程著手，然後再修習超越概念的空觀。他必須勘破迷惑，得見「色即是色，空即是空」，直到他甚至能穿破對空性經驗的定境，而開始看到色之明性，見到事物生動、精確、繽紛亮麗的一面。此時，經由感官而在日常生活中感受到的一切，因直接之故，全是赤裸裸的經驗。在他與「彼」之間不再有障幕。瑜伽士若無空性經驗就運用能量，可能會有危險和大害。例如，有些能激起能量的瑜伽體操，會引發貪、瞋、慢等情緒的能量，達到無法形容的地步。經中描述醉心於本身能量的瑜伽士，說他像一隻漫無目的、四處狂奔的醉象。

密教超越「色即是色」超然態度的所有偏見——眺望彼岸。我們談大乘傳統的超越時，所指的是超越自我。在密教的傳統裡，根本不講超越自我，因爲超越自我的態度含有太多的二元對立。密教遠比那種態度來得正確。這不是「到那兒」或「在那兒」的問題，密教傳統講的是在「這兒」。它講轉化時，常用煉金術士之所爲作比喻。例如，不是把鉛除掉，而是轉鉛成金。你根本不必改變金屬的特質，只需將其轉化。

密續的光明與大樂

密續與法或道徑是同義的。密教的修行是轉化「我」，令根本明智透出光來。密續的本義就是「續」，像一條貫珠之線，此線即是道徑。珠子是密教修行所依循的，如五蘊或構成「我」的五種要素，以及自心本具的佛性或根本明智。

密教之智將涅槃帶入輪迴，這聽起來可能令人震駭。在到達密續層面之前，你是盡力捨輪迴而取涅槃。但你終需了悟這種努力無用，而與涅槃合爲一體。若要眞正抓住涅槃的能量而與之合一，你必須與塵世合夥。因此，「平常智」這個名詞在密教傳統中常常使用。那完全是世俗對「色即是色，空即是空」的看法；是什麼，就是什麼。你不能排斥有形世間，認爲它壞，覺得它與輪迴有關。唯有深入觀察輪迴的本質，你才能瞭解涅槃的本質。因此，道就不僅是超越二元對立，不僅是了知不二。你可以說是能見「不二性」，或不二的「如是性」。你之所見，超越了空性的否定面，亦即否定二元對立。因此，密續中不太使用「空性」這個名詞。密教傳統上是用「眞如」，而不用「空性」。另一個取代「空性」的名詞是「光明」（藏文：ösel，梵文：prabhasvara），也用得很多。關於密教此一傳統，可以在佛陀最後一次轉法輪中看到，那次佛陀沒說「色即是空，空即是色」等等，而說色是光明。光明與大樂或完全證悟「空即是空」有關。它不是空無，因爲色亦是色。

能量的動性，並未在空性的教義中得到充分的表達，因爲空性的發現全是針對輪迴之心而具有意義的。空性提供輪迴之外的另一條路，所以，空性之教是對著輪迴的心態而來。即使空性之教超越了「色即是空，空即是色」，而說「空不異色」和「色不異空」，還是沒有說到色有此能量、空有此能量的程度。在金剛乘或密教中，能量之理扮演非常重要的角色。

法教必須跟修行者的日常生活連在一起。我們面對的是我們與他人及世間的關係中，所有的思想、情緒和能量。我們若不能認知生命的能量面，又怎能使我們對空性的瞭解跟日常生活中的事件發生關係？如果我們不能與生命的能量共舞，便無法用我們對空性的經驗來結合輪迴與涅槃。密續不是教我們壓抑或摧毀能量，而是教我們轉化它；換言之，就是教我們隨順能量的樣態。當我們如此隨順而能平衡時，便開始熟悉能量了，我們開始發現方向正確的正道。這並不是說我們必須變成醉象，或者那種胡來狂野的瑜伽士。

隨順能量的最佳範例，或眞正狂瑜伽士的最佳範例，是帝洛巴令那諾巴開悟的實際傳心。帝洛巴脫下草鞋，用草鞋打了那諾巴一記耳光。帝洛巴應用當時的情況：那諾巴的好奇與追求的能量，將其轉化爲開悟的境界。那諾巴有極大的能量和智力，但他的能量跟帝洛巴的另一種能量，亦即他的了悟和開放之心接不上線。若要突破其間的障礙，必須有突來的震撼，自然而不做作的震撼。這就像是一座傾斜的建築，即將倒塌，但意外地被突然發生的地震一下子擺正了——自然的環境被用來復原原有的敞開狀態。當你隨順能量的樣態時，你的經驗會變得具創造性。智慧與慈悲的能量持續不斷、精確無誤的在運作著。

大手印示現實相的生命力

當瑜伽士對能量的樣態和特質更加敏感時，就能把生活經驗中的意義或象徵作用看得更清楚。密續修法的前半，或下部密續，名叫大手印。「印」在此處的意思不是代表哲學原理或宗教原理的「表記」，其示現的是實相活潑有力的素質。例如，在直見一朵花時，此見是赤裸裸的慧見，不穿衣服，不戴面具；此花的顏色所傳達的訊息，超出可見的顏色之外。此色之中深具意義，而此意義是以有力的或幾乎擋不住的方式傳達出來。直見不含涉概念化的想法，所以我們能看得極為精確，好像眼前除去了面紗一樣。

或者，如果我們手中拿著一塊石頭，心裡具有上述赤裸裸的慧見所有的那種直接認知的清明，則我們不僅感覺得到那塊石頭的堅實性，而且還能開始看出其所含的精神意義；我們體會到石頭完全表現了大地的堅實和莊嚴。其實，就認識基本的堅實性而言，拿著那塊石頭，就等於拿著珠穆朗瑪峰。那塊小小的石頭，代表著堅實性的每一面。我不是單就物質的意義這麼說，而是從精神的意義，而講平和安寧與能量，亦即不可摧毀能量的堅實性。瑜伽士體會大地的堅實和容忍，不管你在大地上種什麼或埋什麼，大地從不反抗。瑜伽士從這塊石頭，得知覺悟的平等性，也得知那種想爲自己的存在建立高大的金字塔或紀念碑的我慢所有的輪迴性。我們所遇到的各種情況，皆與自己本身的情況有此生動的關聯。有趣的是，在密教的唐卡圖像中，我們可以看到一些象徵性的人物一手持著大山，其所代表的意義就是我們在講的：堅實的平寧、堅實的慈悲、堅實的智慧，都不可能爲「我」的瑣屑無聊所影響。

我們認知的各種質地，皆自會含有某種精神意義，於是我們開始證得此項發現與瞭解中所具有的極大能量。禪修者因直接與現象界的實相溝通，而發展出較之前更深的慧見。他不僅能看出根本沒有所謂的錯綜複雜或二元對立，同時也能看出石的石性和水的水性。他精確如實地去看事物，不僅見其形色，也覺知其精神涵義。無論他看到什麼，都表示一種精神發現的展示。對於象徵和能量，他都有廣泛的瞭解。不管情況如何，他都不再強迫要促成什麼。生命力圍繞著他流轉，這是大手印的基本原理。壇城通常被描繪成一個繞著中心旋轉的圓環，代表四周的一切都成了你覺知的一部分，整個範疇所表現的全是活生生的人生實相。唯一能眞實、充分、正確體驗事物的方法就是禪修，因爲禪修能創造出與自然、生活和所有情況的直接連結。我們在談修道上的高度發展時，並不是說我們飄浮於空。其實，我們修道的層次越高，就越落實於地。

我們要記得，禪修的第一步是突破「我」的外圍，也就是神經質的思想模式。當我們更進一步時，不僅看穿了思想過程的複雜，同時也看穿以名稱和理論來表達的概念所具有的重大「意義」。最後，我們在「彼」「此」之間創造出一些空間，使得我們大大得解脫。創造出空間之後，我們繼續修能創造出與生活經驗直接連結的金剛乘法。這三個步驟，本質上即是三乘：講方法的小乘、講空性的大乘、講直接能量的金剛乘。

轉五毒成五智：金剛—瞋—大圓鏡智

密教傳統上是把能量劃分爲五種基本特性或佛族：金剛、寶、蓮、業、佛。每一佛族皆與一種情緒有關，此種情緒被該佛族轉化爲一種「智」，或者覺悟心境的一面。此五佛族也與顏色、五大、風景、方向、季節，以及現象界的任何一面有關係。

金剛與瞋有關，將瞋轉化爲大圓鏡智。我們在瞋的陰霾、佔有、侵略等特性之外，能感覺得到還有別的。這種直覺的慧見，令我們能自動將瞋的本質轉化成精確性與敞開性，而不是刻意去改變。

金剛也與五大中的水大有關。陰霾渾濁、洶湧澎湃的水，象徵瞋的自衛和侵略性；清澈之水則暗示大圓鏡智的鮮明、精確、清晰的反映。

金剛是白色。瞋是非常粗率、直接的自衛經驗，所以像一張白紙，很平卻不透明。但瞋也有潛在的明性，能反映出閃亮光耀的映射，此即大圓鏡智。

金剛屬於東方、黎明和冬季，是冬日之晨，具有水晶般的清明，冰柱般的玲瓏剔透。金剛的景象不是空虛或荒涼，而是充滿了各種引人深思的敏銳伶俐。有很多事物都能引起觀者的興趣。例如，地面、樹木、植物全有其個別的結冰方式。不同的樹以不同的方式承載白雪，對應溫度。

金剛是就事物的質地及其相互的關係來處理事物，對每一事物都依其本身情況加以分析。金剛之智從無遺漏，不會留下任何未探勘的地方或暗角。金剛有如水流過平面，把平面完全蓋住而依然透明。

寶族—慢—平等性智

寶跟傲慢與大地有關。所謂地是指堅實之物，如大山、小山、金字塔、建築物等。「我完全安穩了。我就是我。」這是自視甚高的看法，意謂你不敢放鬆，你不斷加強防禦、構築堡壘。同樣地，寶也是遍一切處的平等性智。無論你用土蓋屋，或不去碰它，土始終是土，沒有改變，你一點也不會有失敗或受到威脅的感覺。如果你是驕慢的人，便會覺得失敗的可能經常向你挑戰。在覺悟心之中，自保的焦慮被轉化爲自他平等之捨。對地的堅實性和安穩性的覺知仍在，但沒有患失之心。一切都是敞開的、安全的、莊嚴的，沒有什麼可怕的了。

寶屬南方和秋季，其豐饒和富足象徵不斷的佈施。水果成熟，自會落地，請人食用。寶具有這種佈施性，具有午前的甜美和敞開的特質。寶是黃色，與日光有關。金剛似水晶，寶似黃金、琥珀、番紅花。寶有深度感，是眞正的地性，而不是質地；金剛則純屬質地，清新易脆而不是根本深邃。寶是那麼地成熟與世俗性，就像一棵倒在地上的巨樹，開始腐爛，遍體生蕈，吸收四周雜草的養分。寶是一根可供動物棲息的圓木料，顏色開始變黃，表皮開始剝落，露出豐富實在的內涵。如果你想把這根圓木運走，放在花園觀賞，是不可能的，因爲它會破碎散落，而且也太重了，無法搬運。

蓮族——貪——妙觀察智

蓮與貪有關。貪是執取性和佔有欲，其背後含有傾向於結合的本能，想要跟什麼東西合爲一體。但貪也有歇斯底里症和神經質，漠視眞正的結合，而想以佔有的方式來結合。貪自會弄巧成拙，難以達到目的。貪的智面是妙觀察智。妙觀察智能令你正確清晰地看出「彼」和「此」的特性。換言之，溝通於是發生。如果你要跟某人溝通，不僅要重視溝通的方法，也要尊重對方的存在。妙觀察智認知結合的實相，結合的實相完全不同於爲求自保而劃分「彼」「此」的二元對立。具有烈火焚毀性的貪、欲，被轉化爲能藉溝通而結合之智。無論在精神上或物質上，你都有可能陷入佔有貪欲之中。你想得到的，可能是你沒能力擁有的。你被那件東西的異國風味所迷，以致迷失於周遭世界。你完全被貪欲所縛，從而產生愚癡和無明。這種貪欲中的無明，在妙觀察智中被超越了。

蓮屬西方和紅色。紅色在諸色當中最爲突出，非常刺激挑釁，引你接近。紅色也與五大元素中的火大有關。在迷惑之境裡，火對其攫取、焚燒、毀滅的東西不加區別。在覺悟之境裡，貪欲的熱惱轉化爲慈悲的熱情。

蓮屬初春。冬季的嚴寒即將因夏季來臨的希望而緩和。冰開始融解，雪也變得潮濕。蓮與外表門面關係密切，它沒有堅實或質地感，純以顏色和魅力爲主，有如晚霞，外觀重於實質。因此，蓮涉及藝術，而不涉及科學或實用性。

蓮是通情達理的處所，是野花生長的地方，是最適合動物遊蕩的區域，如高原地帶。它是一塊草地，有著散散落落的滑潤石頭，適合幼小動物在其間玩耍。

業族——嫉——成所作智

業與情緒中的嫉妒，以及五大中的風大有關。不過，用「嫉妒和羡慕」來形容業性還不夠強、不夠精確，用「絕對偏執」可能比較恰當。你覺得自己不會達成任何目標，對別人的成就心生嫉妒，有被拋在後面的感覺，不能忍受眼看著別人超越你。這種恐懼和缺乏自信，屬於風大。風從不同時吹向各方，而只吹向一方，此即偏執或妒羨的單向看法。

業與成所作智相連。偏執性脫落，能量、熱衷行動和敞開等特質仍在。換言之，風的積極面保留了下來，以致一個人的活動觸及所經歷的一切。你的行為適切，因為其不再含有自覺的神經過敏的驚慌或偏執，能看出情況本俱的種種可能，而自動採取適當的行動。你的行為能達成目標。

業有北方夏季的意味。把業和夏季連在一起的是業的效率，因為在夏季時，萬物活潑、成長、實踐其功能。無數相互關聯的活動生起：植物、昆蟲、動物等有生命者都在成長。夏季有雷雨和夾雹的暴風雨。你會覺得自己沒有時間安享夏季，因為總是有什麼東西為求自保而在動。夏季有點像暮春，但更豐富，因為它看到萬物都適時成就。業的顏色是青菜和綠草之色，是成長中的能量之色。夏季之業仍在競爭，想要生產，而秋季之寶則信心十足，因為一切均已成就。業的氣氛是日落、黃昏、薄暮和初夜。

佛族——癡——法界體性智

佛與癡有關，具有遍一切處的特質，因其包含其餘的四種情緒並隨順之。此癡之中的主動因素是漠視的行爲。漠視是不想看，是漠視和塞滿自己。你完全放鬆，漠不關心。你寧願一直昏睡，而不願奮鬥、追求什麼，於是其餘四種情緒也跟著變得怠惰和愚蠢了。

與佛相關之智，是有如虛空無所不包的法界體性智。癡之遍一切處的特質，仍然保留下來作爲基礎，而此癡中閃爍的疑惑和怠惰則被轉化爲智。此智含有極大的能量和知能，貫穿空大以外的其餘四大，以及其餘四色和四情緒，使得五智中的其餘四智活躍起來。

佛是基礎根地，是環境或氧氣，能令其他諸智發揮功能。佛有沉著、穩固的特質。寶也穩固世俗，但不如佛那種愚鈍的塵俗，那麼漠不關心的塵俗。佛太荒涼、太空曠，是只剩下營火所用石頭的露營區。該處有曾久爲人住、如今人去樓空的味道。該處居民並非遇害或被強行驅離，他們只是離開了。那裡的氣氛就像美國印地安人曾住過的洞穴一樣，令你懷舊，但同時又沒什麼突出的特色。情境非常單調，爲曠野所常有，十分平淡無味。佛與藍色相關，是那種如天空般清涼、空闊的品質。

問：諸佛、本尊、忿怒尊等唐卡圖像及其他象徵，怎麼跟西藏的修行之道相應？

答：有很多關於西藏聖像的誤解。或許我們該粗略看一下密教的聖像和象徵的結構。有一種與道徑相關的所謂「上師像」，實際上是表示你在受教之前，必須先甘心歸服、敞開自己。要想歸服，你總得完全認同人生的充實與豐富。此處的歸服，不是空性的空諸所有；空諸所有是更高深的體驗。但在修道初期，歸服意謂成爲空無一物的容器，也表示認同法教的充實與豐富。因此，傳承諸上師都穿戴具有象徵意義的華麗僧袍和僧帽，手持寶杖和其他飾品。

其次是與密教修法有關的本尊聖像。諸位本尊分別顯示五智佛不同的能量。本尊被描繪成男性的忿怒尊或女性的空行母；本尊可能是忿怒的，也可能是慈祥的。與忿怒面向相關的是強迫轉化，躍入智慧，以及除了轉化之外無可選擇的情況。那是截斷之舉，與瘋智相連。與慈祥本尊相關的是「循序漸進」地轉化，也就是平息迷惑，令其逐漸消磨殆盡。

本尊穿羅刹服，羅刹在印度神話中是吸血鬼，跟魔王魯札（Rudra）有關。此中所蘊含的象徵意義是，當魯札所象徵的無明建立了王國時，智慧即出現，滅其王國，奪其王服及扈從。本尊的服飾象徵本尊已轉「我」成「智」。本尊所戴飾有五顆骷髏的寶冠，象徵已轉化爲五智的五種情緒。此五種情緒未被拋棄，而是被戴在頭上作爲裝飾。而且，本尊手持的三叉戟有三頭爲飾：有生氣的頭、乾縮的頭和骷髏頭。生氣的頭象徵強烈的貪欲；乾縮的頭象徵冷酷瞋恚和強硬堅韌，如堅硬之肉；骷髏頭象徵愚癡。三叉戟是象徵超越此三情緒的裝飾品。此外，三叉戟有三尖，象徵三種基本的存在原理：空性、能量和顯現性。此三原理爲佛之三「身」：法身、報身和化身。本尊所佩戴的飾物：骨飾、蛇和其他，皆與道的不同方面有關。例如，本尊所戴由五十一顆骷髏串成的環飾，象徵超越小乘阿毘達磨所講的五十一心所。

修密法時，修者認同適合自己個性的某一佛族本尊。例如，如果本尊屬於寶族，他就是黃色，且有表現寶之特色的象徵。上師授予你的壇城是何種形式，要看你屬於何族，看你是屬於貪族還是慢族，具有風性還是水性。一般而言，你可以感覺得到某些人有地性或穩固性；某些人有風性，跑來跑去；某些人有暖性，態度似火。上師授你壇城，是要讓你認同自己特有的情緒，而這些情緒有轉化爲智的潛能。有時你以諸本尊爲所觀來修行觀想。不過，在開始修時，你不是立即觀想本尊，而是先覺知空性，然後再生起面前有本尊形象的感受。接著，你唸誦與那種感受有關的眞言。爲了削弱「我」力，你總得把想像出來的本尊和監視你的「我」連在一起，而眞言即是連接之環。唸誦過眞言後，你將本尊之像融化爲與該本尊顏色相應之光，最後再以覺知空性結束觀想。這種修法的整個觀念，就是不要將諸本尊看作拯救你的外在之神，而要視爲你的眞實本性所現。你認同所觀本尊的屬性和顏色，體會眞言的聲音，最後開始證悟自己的本性無敵。你與本尊完全成爲一體。

在名爲「摩訶阿提」（Maha Ati）的無上密續中，認同感消退，修行者沒入自己的本性，只剩下能量和顏色。在此之前，你看穿形象與聲音而見其空性。如今你看出色、相、聲的眞實本質，這是返回輪迴的意思，禪宗以牧牛圖來表示：你無人無牛，終得要回到世間。

第三，還有「護法神」的圖像。在認同某一本尊的觀修中，你必須生起一種覺知，以使你能一下子從惑性回歸本性。你需要突來的震撼，隨時提醒你的東西或一種覺悟的特質。象徵這種覺知的是現忿怒相的護法神，這種覺知是提醒你的突然動作，是忿怒的覺知，因爲它含有跳躍在內。此跳躍需有某種能量以截斷迷惑。你必須主動去跳，毫不猶豫地跳出惑界而入敞開之境。你眞的必須消滅猶豫，你需要消除修道上所遭遇的一切障礙。因此，此神祇乃有護法之名。「護法」不是保護你的安全，而是提供你一個參考點，一項提醒你的準則，讓你不離本位，保持敞開。例如，有一位瑪哈嘎拉護法神，名為六臂瑪哈嘎拉，色黑，站在象頭神噶內薩的身上。象頭神在此象徵下意識的思想，而這種下意識的閒聊是怠惰的一面，自能分散你的覺知，邀你返回對自己的思想與情緒的迷戀。它尤其能影響你各種思想的觀察性，不管這些思想是知性的、家務的或情緒的。瑪哈嘎拉帶你回到開放。此一象徵的意思是，瑪哈嘎拉站在象頭神之上，以此壓制、克服了下意識的閒聊。瑪哈嘎拉代表躍入洞察的覺知。

一般而言，所有佛教密宗的聖像不外三類：上師、本尊、護法。上師之像象徵傳承的豐富，本尊讓你認同自己的本性，護法神則能夠隨時提醒你。本尊及護法神通常都呈現程度不同的忿怒相，端看你需要多麼強烈的覺知才能得見自己的本性。

忿怒本尊總是離不開具有眞如性的「金剛怒」等密教名詞；換言之，怒而無有恨意，是強大動力的能量。這種能量，無論屬於何智，都是無敵的。它完全不壞、不動，因為它不是製造出來的東西，而是被發現的本性，因此，它不生不滅，永遠被描繪成忿怒、天怒和勇士的模樣。

問：轉化是怎樣發生的？

答：轉化是因瞭解空性及隨後的突然發現能量而起。你了悟自己不再需要放棄什麼，而開始在生活情況中看到根本的智慧，也就是說有了一種躍進。如果你易生某種情緒，如容易發怒，則你會由於猛然瞥見敞開或瞥見空性，而開始看出沒有抑制自己能量的必要。你不必保持冷靜及抑制怒火，而能將瞋恚轉化爲強大的能量。這是你有多敞開，以及你眞肯敞開多少的問題。如果你對自己能量的爆發和發洩不那麼迷戀和滿意的話，則轉化可能性便提高了。我們一旦被能量迷住，並以發洩能量爲滿足，就無法轉化它。你無須脫胎換骨，但你能將部分的能量用於覺悟的境界。

問：若那（jnana）與般若（prajna）有何不同？

答：你不能把智看作外在的經驗。這就是智與慧、或說若那與般若的分別。般若是相對性之慧，若那則是超越任何相對性之智。你與智完全合一，不視智爲跟教育或經驗有關的東西。

問：您如何轉化情緒？如何對付情緒？

答：這是私人問題，而不是智性的問題。重點全在我們未曾眞正體驗自己的情緒，雖然我們自以爲已有眞正的體驗。我們只是從「我」和「我」之貪、瞋等角度去體驗。此「我」是一種中央管轄機構，情緒擔任使者、官僚和士兵。你不要把情緒當作身外之物或不守規矩的職員去體驗，而要實際感受情緒的質地和其眞正的活躍特性。用身體上的表達或行爲來發洩瞋恚或貪欲，是另一種逃避情緒的方式，就像你力圖抑制情緒時一樣。你若眞正如實感受到情緒本身無遮飾的活躍特性和質地，則這種感受中也有眞諦。你自會如實發現情緒既有諷刺的一面，同時也有甚深的一面，於是轉化的過程——轉化情緒爲智的過程，就自動開始了。但是，如我說過的，這是私人的問題；我們眞的非做不可，倘若沒有實際去做，說也說不清楚。我們必須敢於實際面對情緒，眞正與其共事，如實感受其質地和本性。我們會發現情緒的存在不如其表面所顯現的，它實含有甚多智慧和敞開的空間。問題在於我們從未正確的體驗情緒。我們以爲戰鬥和殺戮表示忿怒，其實這些都是另一種逃避，都是一種發洩情緒的方式，而非實際如實體驗情緒。我們尚未正確的感受到情緒的本性。

問：情緒轉化，並不是說情緒沒了，是嗎？

答：不一定是沒了，而是轉化爲其他形式的能量。如果我們力圖善良或平和，而想要抑制自己的情緒，那就是「我」的根本乖僻在運作了。我們瞋恨自己的情緒，力求達到和善的境地。一旦我們不再瞋恨自己的情緒，不再試圖改變；一旦我們正確的體驗情緒，轉化就發生了。一旦你如實體驗情緒，情緒的惱人性即被轉化。轉化不是指要消除情緒的能量特質，而是要將此特質轉化爲智，這是非常需要的。

問：與性有關的密續是怎麼回事？那是把性能力轉化爲什麼的方法嗎？

答：是同一回事。當貪欲的攫取性轉化爲敞開的溝通或共舞時，雙方的關係便會開始作有創意的發展，而不會沉滯或令彼此惱怒。

問：這種轉化之理可否適用於印度教傳統的三種能量：淨悅性（梵文：sattvic）、刺激性（rajasic）、鈍暗性（tamasic）？你不是想把鈍暗性轉化爲刺激性，而是把它拿來就用。

答：對，沒錯，那的確是非常實際的做法。通常我們都喜歡做過多的準備。我們說「我一賺到很多錢，就去某處修學爲僧」，或成爲任何我們想做的那種人。但我們從不當下就做。我們總是說「一旦我做了什麼，我就……」，我們總是計畫得太多。我們想要改變自己的生活，卻不想運用自己的生活，不想把運用當下此刻作爲修行的一部分。我們的這種猶豫不決，使我們在修道方面遭受到很多挫折。我們大都有不切實際的想法：「我現在不好，但總有一天我會改變，我會變好。」

問：轉化之理表現在藝術上嗎？

答：是的。我們都知道，時代不同、文化背景不同之人，曾創作出形色組合類似的作品。自發性的、表現性的藝術，自有一種普遍性。此即爲何你不必超越什麼。如果你充分、直接去看，「彼物」就不言而喻，「彼物」會讓你有所瞭解。交通號誌中，綠燈表示通行，紅燈表示停止或危險，也令人想到顏色效果的普遍性。

問：舞與舞臺是怎麼回事？

答：還是同一回事。問題是，如果你在創作一件藝術品時太自覺了，那件藝術品就不是藝術品了。藝術大師在全神貫注於工作時，能產生偉大的傑作，並不是因為他們念念不忘其所師，而是因爲他們一心專注其所作。他們不質疑，他們只是做。他們是頗爲意外地產生了好的作品。

問：妨礙自發性行爲的那些恐懼或妄想狂，如何轉化爲行動？

答：用克服這個、克服那個來達到某種境界，並不含有特殊的祕訣。問題是要跳躍。當一個人眞正瞭解自己處於妄想狂的狀態時，就暗示他的內心深處對另一邊有著下意識的瞭解，對妄想狂的另一面有所感知。接著，他必須眞跳。至於怎麼跳，則難以言詮；你只是非跳不可。那頗像是你被猛然推下河去，卻發現自己不會游泳，你只是拚了命游上岸。不過，你若返回河中，試圖練習游泳，很可能就一點也不會游了。這是自發或運用當下之智的問題。你無法用言語把那一跳說清楚；那一跳非言語所能形容。但那一跳是你能做之事，只要你眞正肯去做，只要你使自己處於跳躍的情況而隨順它去。

問：如果你害怕，而對恐懼起了強烈的反應，你曉得自己有此反應，但不想迷失在此反應中，而想保持清醒，那麼你怎樣才能辦到？

答：問題在於你先要承認有此能量存在，那也正是跳躍的能量。換言之，不要逃避恐懼，而要深入其中，去體會那種情緒的粗糙和堅硬特質。

問：做個勇士？

答：對。開始時，你可能以見此情緒之荒謬爲滿足，從而令此情緒消散，但這還不足以產生金剛乘所講的轉化。你必須看出情緒有「色即是色」的特質。一旦你能從「色即是色，情緒即是情緒」的觀點，不含成見的觀照情緒；一旦你如實看出情緒的赤裸本質，你就可以跳躍了。那不需要多大的力氣，你可說是已把自己交給跳躍了。這當然不是說你一發怒就出去殺人。

問：換句話説，就是要如實去看情緒，而不要讓自己對情況起那種零碎而尖銳的反應。

答：對。你看，我們實際上並不是正確的去看情緒，儘管我們內心充滿了情緒。如果我們隨著自己的情緒轉，而且做逃避情緒的事，那就不是正確的體驗情緒了。我們想要逃避或抑制自己的情緒，因爲我們無法忍受身處如此的情境。但金剛乘講的是正確、直接的觀察情緒，感受情緒的赤裸本質。你不必眞的去轉化情緒，其實，你是去看情緒所含已經轉化的特質：「色即是色。」那是非常微妙的，而濫發情緒也是很危險的。

問：密勒日巴的生活方式如何與密教模式相配？他似乎不修轉化，而修捨離。

答：當然，密勒日巴的生活方式是瑜伽士遁世傳統的典範。但通常我們一想到遁世者，就會想到力求逃避「世俗」「邪惡」生活的人。密勒日巴的情形根本不是這樣。他不是想要以在荒野獨自修禪來抑制爲「惡」的傾向，他不是把自己鎖在閉關處，他不是想要懲罰自己。他的苦行只是其性格的一種表現，一如我們每個人的生活方式，決定於我們的心理狀態和過去的經歷，而表現出我們是誰。密勒日巴想要單純，所以過著非常簡樸的生活。修道之人難免會暫時有出世的傾向，密勒日巴也不例外。但出世在都市中就能辦到，富人可以花很多錢來一次宗教之「旅」。但是你若想要眞的跟法教接觸，早晚也得回到世間。密勒日巴閉關修禪時，生活極爲嚴峻辛苦，有些獵人偶然出現了，給他一點新鮮的鹿肉。他吃了之後，禪修立即有了進步。後來，當他對下山回城一事猶豫不決時，有些村民出現在他所居的洞穴，乞授法教。生活情況所起的似乎是意外的變化，不斷拉著他脱離隱遁，這可説是上師的化作，或上師的遍在性，永遠是自然地找上我們。我們也許是在紐約的公寓裡坐禪，覺得「飄然」愉快，非常「崇高」。但當我們修完起身，走上街頭，被人踩到腳趾時，我們就不能不處理俗務了。這使得我們當下落實，回到世間。

密勒日巴深深涉入能量與情緒的轉化過程。其實，我們在讀《密勒日巴十萬歌集》時，即可發現該書的第一部分，完全是講密勒日巴在此轉化過程中的經驗。「紅岩寶谷的故事」是講密勒日巴剛剛離開瑪爾巴，獨自去修禪。這可説是他的「青春期」，因爲他還擺脱不了對個人上師的依賴，瑪爾巴依然是他之「父」。已對瑪爾巴敞開及歸順的密勒日巴，仍需學習轉化情緒。他還在執著「善」「惡」的觀念，以致在他眼中，世間仍舊披著天神與魔鬼的外衣。

在「紅岩寶谷的故事」中，密勒日巴在見到瑪爾巴的幻象之後，深感安慰，回到洞中，面對的卻是一群惡魔。他想盡辦法驅魔，什麼方法都用了；他對諸魔恐嚇、哄騙，甚至説法，但諸魔還是不肯離去，直到他不再視諸魔爲「惡」，而向其敞開，如實觀之。這是密勒日巴初學如何降魔的時期；降魔與轉化情緒是一回事。魔鬼和天神全是我們用情緒製造出來的：在我們的生活和世界裡，不受我們歡迎的就是魔鬼，受我們歡迎的就是天神和天女，其餘都只是布景。

由於密勒日巴願意如實接受祂們的本然面貌，於是他轉化了魔鬼、天神和天女，令其皆成空行母或生命能量。《十萬歌集》的第一部分，講的全是密勒日巴在轉化方面的成就，以及他在如實對世間敞開方面不斷增長的能力，直到最後在「澤瑞瑪天女的攻擊」一章裡，他完全降伏了諸魔。那一章講，在密勒日巴修禪時，成千上萬的魔鬼一起來嚇他，向他進攻，但他對諸魔說法，敞開自己，接受他們，願意把自己完全獻給他們，從而把他們都降伏了。有五個魔女，因發覺無法嚇倒密勒日巴，乃對他唱道：

你若於心中，從不起魔念，
即無須畏懼四周之魔眾。
最爲重要者，即降伏自心……
恐懼與希望的險峻之道上，
有諸魔埋伏……

後來，密勒日巴自謂：「眾生究竟本性，無佛亦無魔。無畏無所求、離善離惡者，即可證悟迷惑之無實無據性。輪迴乃現大手印相……」

《十萬歌集》的其餘部分，是講密勒日巴在做上師方面的發展，以及他與諸弟子的關係。他在晚年已圓滿成就轉化過程，以致堪稱「持明」或「持瘋智傳承者」。他不再爲希望和恐懼之風所動搖。天神、天女和魔鬼，亦即他強烈情緒和情緒所投射的外在影像，已被徹底降伏和轉化。如今，他的生活是與諸空行母不停地共舞。

最後，密勒日巴抵達「老狗」的階段，這是他的無上成就。他任人踐踏，任人以他爲路、爲地；他會永遠在那兒。他超越了自我的存在，所以我們在讀他最後的法教時，會感到密勒日巴的遍在，覺得他是成覺的實例。

❖ 延伸閱讀 ❖

東方大日

邱陽・創巴仁波切◎著
楊書婷◎譯

狂智

邱陽・創巴仁波切◎著
江涵芠◎譯

覺悟勇士

邱陽・創巴仁波切◎著
項慧齡◎譯

當野馬遇見馴師

邱陽・創巴仁波切◎著
鄭振煌◎譯

作為上師的妻子

黛安娜・木克坡、
卡洛琳・蘿絲・吉米安◎合著
吳茵茵◎譯

橡樹林文化 ❖❖ 善知識系列 ❖❖ 書目

JB0111	中觀勝義諦	果煜法師◎著	500元
JB0112	觀修藥師佛：祈請藥師佛，能解決你的困頓不安，感受身心療癒的奇蹟	堪千創古仁波切◎著	300元
JB0113	與阿姜查共處的歲月	保羅．布里特◎著	300元
JB0114	正念的四個練習	喜戒禪師◎著	300元
JB0115	揭開身心的奧秘：阿毗達摩怎麼說？	善戒禪師◎著	420元
JB0116	一行禪師講《阿彌陀經》	一行禪師◎著	260元
JB0117	一生吉祥的三十八個祕訣	四明智廣◎著	350元
JB0118	狂智	邱陽創巴仁波切◎著	380元
JB0119	療癒身心的十種想——兼行「止禪」與「觀禪」的實用指引，醫治無明、洞見無常的妙方	德寶法師◎著	320元
JB0120	覺醒的明光	堪祖蘇南給稱仁波切◎著	350元
JB0121	大圓滿禪定休息論	大遍智　龍欽巴尊者◎著	320元
JB0122X	正念的奇蹟	一行禪師◎著	300元
JB0123	一行禪師　心如一畝田：唯識50頌	一行禪師◎著	360元
JB0124X	一行禪師 你可以不生氣：佛陀的最佳情緒處方	一行禪師◎著	320元
JB0125	三句擊要： 以三句口訣直指大圓滿見地、觀修與行持	巴珠仁波切◎著	300元
JB0126	六妙門：禪修入門與進階	果煜法師◎著	400元
JB0127	生死的幻覺	白瑪桑格仁波切◎著	380元
JB0129	禪修心經——萬物顯現，卻不真實存在	堪祖蘇南給稱仁波切◎著	350元
JB0130	頂果欽哲法王：《上師相應法》	頂果欽哲法王◎著	320元
JB0131	大手印之心：噶舉傳承上師心要教授	堪千創古仁切波◎著	500元
JB0132	平心靜氣：達賴喇嘛講《入菩薩行論》〈安忍品〉	達賴喇嘛◎著	380元
JB0133	念住內觀：以直觀智解脫心	班迪達尊者◎著	380元
JB0134	除障積福最強大之法——山淨煙供	堪祖蘇南給稱仁波切◎著	350元
JB0135	撥雲見月：禪修與祖師悟道故事	確吉．尼瑪仁波切◎著	350元
JB0136	醫者慈悲心：對醫護者的佛法指引	確吉．尼瑪仁波切 大衛．施林醫生◎著	350元
JB0137	中陰指引——修習四中陰法教的訣竅	確吉．尼瑪仁波切◎著	350元

JB0138X	佛法的喜悅之道	確吉・尼瑪仁波切◎著	350 元
JB0139	當下了然智慧：無分別智禪修指南	確吉・尼瑪仁波切◎著	360 元
JB0140	生命的實相——以四法印契入金剛乘的本覺修持	確吉・尼瑪仁波切◎著	360 元
JB0141	邱陽創巴仁波切 當野馬遇見上師：修心與慈觀	邱陽創巴仁波切◎著	350 元
JB0142	在家居士修行之道——印光大師教言選講	四明智廣◎著	320 元
JB0143	光在，心自在 〈普門品〉陪您優雅穿渡生命窄門	釋悟因◎著	350 元
JB0144	剎那成佛口訣——三句擊要	堪祖蘇南給稱仁波切◎著	450 元
JB0145	進入香巴拉之門——時輪金剛與覺囊傳承	堪祖嘉培珞珠仁波切◎著	450 元
JB0146	（藏譯中）菩提道次第廣論： 抉擇空性見與止觀雙運篇	宗喀巴大師◎著	800 元
JB0147	業力覺醒：揪出我執和自我中心， 擺脫輪迴束縛的根源	圖丹・卻准◎著	420 元
JB0148	心經——超越的智慧	密格瑪策天喇嘛◎著	380 元
JB0149	一行禪師講《心經》	一行禪師◎著	320 元
JB0150	寂靜之聲——知念就是你的皈依	阿姜蘇美多◎著	500 元
JB0151	我真正的家，就在當下—— 一行禪師的生命故事與教導	一行禪師◎著	360 元
JB0152	達賴喇嘛講三主要道—— 宗喀巴大師的精華教授	達賴喇嘛◎著	360 元
JB0153	輪迴可有道理？—— 五十三篇菩提比丘的佛法教導	菩提比丘◎著	600 元
JB0154	一行禪師講《入出息念經》： 一呼一吸間，回到當下的自己	一行禪師◎著	350 元
JB0155	我心教言——敦珠法王的智慧心語	敦珠仁波切◎著	380 元
JB0156	朗然明性： 藏傳佛教大手印及大圓滿教法選集	蓮花生大士、伊喜・措嘉、 龍欽巴、密勒日巴、祖古・ 烏金仁波切等大師◎著	400 元
JB0157	跟著菩薩發願：〈普賢行願品〉淺釋	鄔金智美堪布◎著	400 元
JB0158	一行禪師　佛雨灑下—— 禪修《八大人覺經》《吉祥經》 《蛇喻經》《中道因緣經》	一行禪師◎著	380 元
JB0161	證悟瑰寶：佛陀與成就大師們的智慧較言	艾瑞克・貝瑪・昆桑◎英譯與彙編	500 元

善知識系列　JB0074X

突破修道上的唯物 Cutting Through Spiritual Materialism

作　　者／邱陽・創巴仁波切（Chögyam Trungpa）
譯　　者／繆樹廉
審　　校／蔡雅琴
編　　輯／劉昱伶
封面設計／耳東惠設計
內頁排版／歐陽碧智
業　　務／顏宏紋
印　　刷／中原造像股份有限公司

發行人　何飛鵬
事業群總經理　謝至平
總編輯　張嘉芳
出版　橡樹林文化
115 台北市南港區昆陽街 16 號 4 樓
電話：886-2-2500-0888 #2736　傳眞：886-2-2500-1951
發行　英屬蓋曼群島商家庭傳媒股份有限公司城邦分公司
115 台北市南港區昆陽街 16 號 8 樓
客服專線：02-2500-7718；02-2500-7719
24 小時傳眞專線：02-25001990；02-25001991
服務時間：週一至週五上午 09:30-12:00；下午 13:30-17:00
劃撥帳號：19863813　戶名：書虫股份有限公司
讀者服務信箱：service@readingclub.com.tw
城邦網址：http://www.cite.com.tw
香港發行所　城邦（香港）出版集團有限公司
香港九龍土瓜灣土瓜灣道 86 號順聯工業大廈 6 樓 A 室
電話：852-25086231　傳眞：852-25789337
電子信箱：hkcite@biznetvigator.com
馬新發行所　城邦（馬新）出版集團
Cité（M）Sdn. Bhd.（458372U）
41, Jalan Radin Anum, Bandar Baru Seri Petaling,
57000 Kuala Lumpur, Malaysia.
電話：+6(03)-90563833　傳眞：+6(03)-90576622
電子信箱：services@cite.my

初版一刷：2011 年 6 月
二版一刷：2024 年 6 月
ISBN：978-626-7449-15-8（紙本書）
ISBN：978-986-1208-32-9（EPUB）
定價／350 元

城邦讀書花園
www.cite.com.tw

填寫本書線上回函

國家圖書館出版品預行編目（CIP）資料

突破修道上的唯物 / 邱陽・創巴仁波切（Chögyam Trungpa）著；繆樹廉譯 -- 二版 .一臺北市：橡樹林文化出版：英屬蓋曼群島商家庭傳媒股份有限公司城邦分公司發行 , 2024.06

面；　公分 . --（善知識；JB0074X）

譯自：Cutting through spiritual materialism

ISBN 978-626-7449-15-8（平裝）

1.CST: 藏傳佛教 2.CST: 佛教修持

226.965　　　113007058